컴퓨터야 놀자~
컴놀 엑셀

발 행 일   2018년 04월 27일 (1판 1쇄)

개 정 일   2019년 09월 03일 (1판 4쇄)

I S B N   978-89-8455-941-7 (13000)

정   가   8,000원

발 행 처   (주)아카데미소프트

발 행 인   유성천

주   소   경기도 파주시 정문로 588번길 24

대표전화   02)3463-5000

대표팩스   02)3463-0400

홈페이지   www.academysoft.co.kr

구성

PART 01   이런 내용으로 구성되어 있어요!

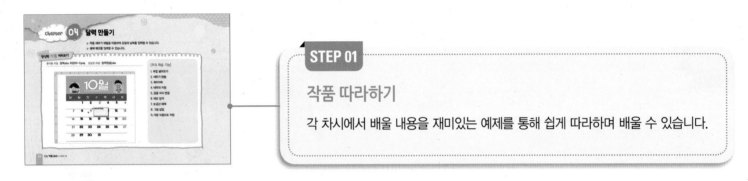

STEP 01

작품 따라하기

각 차시에서 배울 내용을 재미있는 예제를 통해 쉽게 따라하며 배울 수 있습니다.

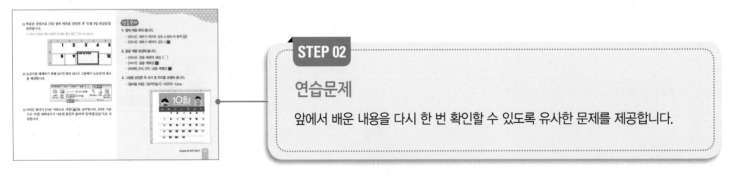

STEP 02

연습문제

앞에서 배운 내용을 다시 한 번 확인할 수 있도록 유사한 문제를 제공합니다.

PART o2   이런 내용으로 구성되어 있어요!

STEP 01

Chapter 1

엑셀 2010 프로그램을 실행하여 [주요 기능]을 학습한 후 '완성된 작품 미리 보기'를 참고하여 PART 1에서 배운 기능으로 순서에 맞게 작업합니다.

STEP 02

Chapter 2

엑셀 2010 프로그램을 실행하여 [주요 기능]을 학습한 후 '완성된 작품 미리 보기'를 참고하여 엑셀 2010의 다양한 기능들을 학습할 수 있도록 구성하였습니다.

차례

PART 01

Chapter 01 맛있는 과일과 채소

◉ 열을 삽입하고, 너비를 조절할 수 있습니다.
◉ 글꼴 서식을 변경한 후 셀에 색을 채울 수 있습니다.

완성된 작품 미리보기

불러올 파일 : 과일채소.xlsx   완성된 파일 : 과일채소(완성).xlsx

[주요 학습 기능]

1. 파일 불러오기
2. 열 삽입
3. 열 너비 조절
4. 셀에 글자 입력하기
5. 글꼴 서식 변경
6. 셀에 색 채우기
7. 다른 이름으로 저장

1 열 삽입 및 열의 너비 조절

① [시작] – [모든 프로그램] – [Microsoft Office] – [Microsoft Excel 2010]을 클릭하여 실행합니다.

② [파일] 탭 – [열기(📂)]를 클릭합니다.

③ [열기] 대화상자가 나오면 [불러올 파일] – 과일채소.xlsx 파일을 선택한 후 〈열기〉 단추를 클릭합니다.

④ A열 머리글 위에서 마우스 오른쪽 버튼을 눌러 [삽입]을 클릭합니다.

※ A열 머리글에서 [삽입]을 실행 하면 A열 앞에 새로운 열이 삽입됩니다.

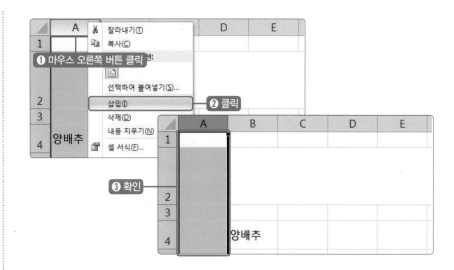

⑤ B~H 열을 드래그한 후 머리글 위에서 마우스 오른쪽 버튼을 눌러 [열 너비]를 클릭합니다.

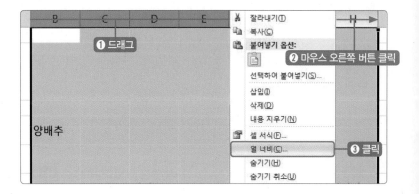

❻ [열 너비] 대화상자가 나오면 입력 칸에 '13'을 입력한 후 〈확인〉 단추를 클릭합니다.

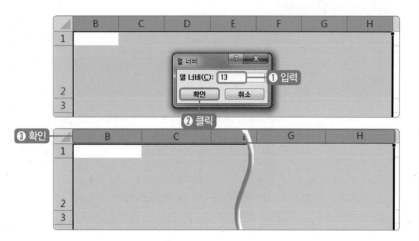

2 제목을 입력한 후 글꼴 서식 변경하기

❶ [B2:H2] 셀을 클릭한 후 '맛있는 과일과 채소'를 입력한 후 **Enter** 키를 누릅니다.

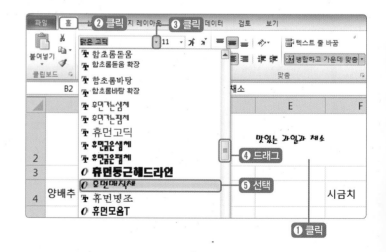

셀에 글자 입력하기

셀을 클릭하여 글자를 입력한 후 **Enter** 키를 누릅니다. 만약 셀에 이미 데이터가 입력된 상태라면 기존의 데이터가 삭제되면서 동시에 새로운 데이터가 입력됩니다. 입력이 완료된 셀의 데이터를 수정할 때는 셀을 클릭한 후 **F2** 키를 눌러 수정하거나, 셀을 더블 클릭하여 수정할 수 있습니다.

❷ 다시 [B2:H2] 셀을 클릭한 후 [홈] 탭의 [글꼴] 그룹에서 '글꼴 (맑은 고딕)'의 목록 단추(▾)를 클릭합니다. 이어서, '휴먼매직체'를 선택합니다.

※ 원하는 글꼴을 직접 입력하면 빠르게 변경할 수 있습니다.

❸ [홈] 탭의 [글꼴] 그룹에서 '글꼴 크기 (11 ▾)'의 목록 단추(▾)를 클릭한 후 '36pt'를 선택합니다.

※ 원하는 크기를 직접 입력하면 빠르게 변경할 수 있습니다.

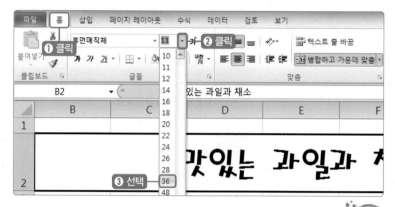

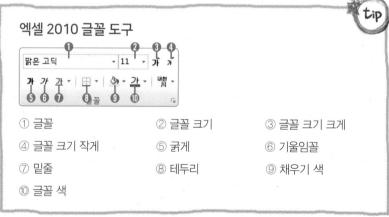

엑셀 2010 글꼴 도구

① 글꼴　　　　　② 글꼴 크기　　　③ 글꼴 크기 크게

④ 글꼴 크기 작게　⑤ 굵게　　　　　⑥ 기울임꼴

⑦ 밑줄　　　　　⑧ 테두리　　　　　⑨ 채우기 색

⑩ 글꼴 색

❹ [B4] 셀부터 [H14] 셀까지 드래그 하여 범위를 지정합니다.

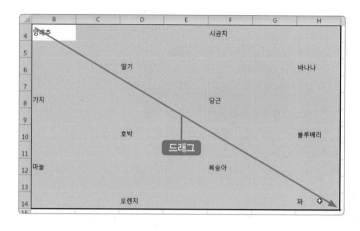

❺ [홈] 탭의 [글꼴] 그룹에서 '글꼴 (맑은 고딕 ▾)'의 목록 단추(▾)를 클릭한 후 '휴먼모음T'를 선택합니다. 이어서, '글꼴 크기 (11 ▾)'의 목록 단추(▾)를 클릭한 후 '18pt'를 선택합니다.

❻ [홈] 탭의 [맞춤] 그룹에서 '가운데 맞춤'을 클릭하여 글자를 가운데로 정렬합니다.

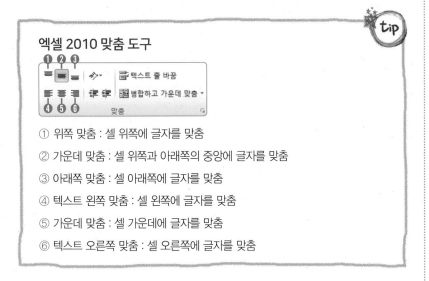

엑셀 2010 맞춤 도구

① 위쪽 맞춤 : 셀 위쪽에 글자를 맞춤

② 가운데 맞춤 : 셀 위쪽과 아래쪽의 중앙에 글자를 맞춤

③ 아래쪽 맞춤 : 셀 아래쪽에 글자를 맞춤

④ 텍스트 왼쪽 맞춤 : 셀 왼쪽에 글자를 맞춤

⑤ 가운데 맞춤 : 셀 가운데에 글자를 맞춤

⑥ 텍스트 오른쪽 맞춤 : 셀 오른쪽에 글자를 맞춤

3 셀에 채우기 색 지정하기

❶ [B4] 셀을 클릭한 후 [홈] 탭의 [글꼴] 그룹에서 '채우기 색(🖌▾)'의 목록 단추(▾)를 클릭하여 '황록색, 강조 3, 80% 더 밝게'를 선택합니다.

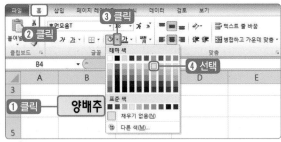

❷ [B8] 셀을 클릭한 후 [홈] 탭의 [글꼴] 그룹에서 '채우기 색(🖌▾)'의 목록 단추(▾)를 클릭하여 '자주'를 선택합니다.

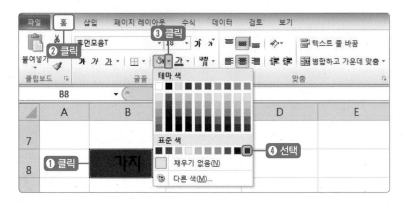

❸ 이어서, '글꼴 색(가▾)'의 목록 단추(▾)를 클릭한 후 '흰색, 배경 1'을 선택합니다.

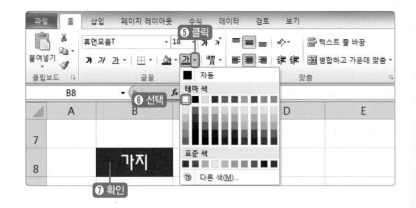

채우기 색상

① 채우기 색 목록에서 '다른 색(🎨)'을 선택하면 '테마 색'이나 '표준 색' 외에
   다양한 색상을 선택할 수 있습니다.
② [사용자 지정]에서 색을 선택할 경우 오른쪽 색 농도(기본값 흰색)를 변경해
   야 색이 변경됩니다.

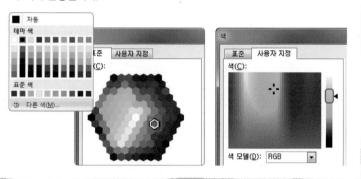

❹ [파일] 탭에서 [다른 이름으로 저장(🔳)]을 클릭합니다.

❺ [다른 이름으로 저장] 대화상자가 나오면 본인의 폴더에 과일채소
   (홍길동)'으로 저장합니다.

※ 본인의 폴더가 없을 경우 '새 폴더'를 만들어 이름을 변경합니다.

---

1. [홈] 탭의 [글꼴] 그룹에서 채우기 색(🎨▾)의 다른 색(🎨)을 이용하여
   다양한 색상을 채워 봅니다.

2. [홈] 탭의 [글꼴] 그룹에서 글꼴 색(가▾)을 이용하여 글꼴 색을 변경해
   봅니다(흰색, 배경1 ☐)

※ 아래 그림을 참고하여 작업합니다.

Chapter 02

지구의 날 포스터

◎ 행과 열의 크기를 조절하고, 셀을 병합한 후 가운데 맞춤을 지정할 수 있습니다.

◎ 셀에 글자를 입력한 후 서식을 변경할 수 있습니다.

완성된 작품 미리보기

불러올 파일 : 지구야고마워.xlsx, 지구본1~2.png   완성된 파일 : 지구야고마워(완성).xlsx

[주요 학습 기능]

1. 파일 불러오기

2. 열 너비 조절

3. 행 높이 조절

4. 병합하고 가운데 맞춤

5. 셀에 색 채우기

6. 셀에 글자 입력하기

7. 글꼴 서식 변경

8. 그림 삽입

9. 다른 이름으로 저장

1 열의 너비와 행의 높이 조절하기

① [시작] – [모든 프로그램] – [Microsoft Office] – [Microsoft Excel 2010]을 클릭하여 실행합니다.

② [파일] 탭 – [열기(🗁)]를 클릭합니다.

③ [열기] 대화상자가 나오면 [불러올 파일] – [지구] – 지구야고마워.xlsx 파일을 선택한 후 〈열기〉 단추를 클릭합니다.

④ A열 머리글 위에서 마우스 오른쪽 버튼을 눌러 [열 너비]를 클릭합니다.

⑤ [열 너비] 대화상자가 나오면 입력 칸에 '1'을 입력한 후 〈확인〉 단추를 클릭합니다.

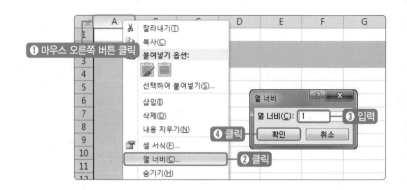

⑥ 1행 머리글 위에서 마우스 오른쪽 버튼을 눌러 [행 높이]를 클릭합니다.

⑦ [행 높이] 대화상자가 나오면 입력 칸에 '10'을 입력한 후 〈확인〉 단추를 클릭합니다.

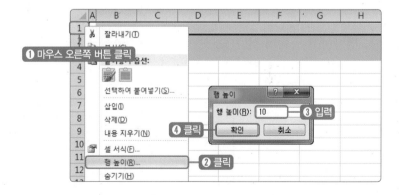

2 병합하고 가운데 맞춤

① [B4] 셀부터 [G31] 셀까지 드래그한 후 [홈] 탭의 [맞춤] 그룹에서 '병합하고 가운데 맞춤(⊞)'을 클릭합니다.

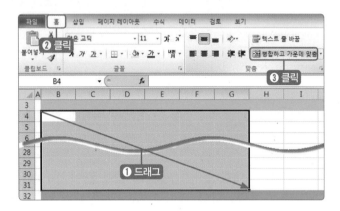

② [H4] 셀부터 [P9] 셀까지 드래그한 후 [홈] 탭의 [맞춤] 그룹에서 '병합하고 가운데 맞춤(⊞)'을 클릭합니다.

※ 1번을 참고하여 작업합니다.

③ 똑같은 방법으로 [H10] 셀부터 [P31] 셀까지 드래그한 후 '병합하고 가운데 맞춤(⊞)'을 클릭합니다

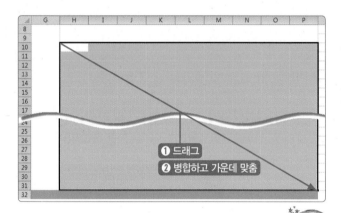

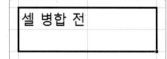

병합하고 가운데 맞춤

여러 개의 셀이 하나의 셀로 합쳐지면서 동시에 텍스트 가운데 맞춤이 지정됩니다. 병합한 셀을 선택한 상태에서 '병합하고 가운데 맞춤(⊞)'을 다시 클릭하면 셀 병합이 해제됩니다.

셀 병합 전

셀 병합 후

3 셀에 색 채우기

❶ 병합한 [H4:P9] 셀을 선택한 후 [홈] 탭의 [글꼴] 그룹에서 '채우기 색(🖌)'의 목록 단추(▼)를 클릭합니다. 이어서, '녹색'을 선택합니다.

❷ [H10:P31] 셀 위에서 마우스 오른쪽 버튼을 눌러 [셀 서식]을 클릭합니다.

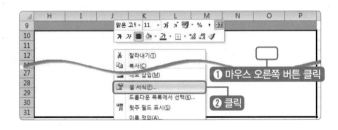

❸ [셀 서식] 대화상자가 나오면 [채우기] 탭을 클릭한 후 배경색을 '바다색, 강조 5, 80% 더 밝게'로 선택합니다. 이어서, 무늬 색을 클릭하여 '흰색, 배경 1'을 선택합니다.

※ 배경색은 색을 알려주는 풍선 도움말이 나오지 않으므로 '무늬 색'을 클릭하여 확인하세요.

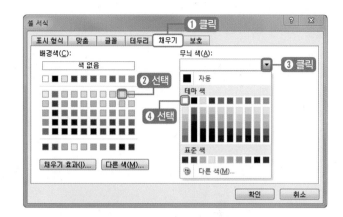

❹ 무늬 스타일을 클릭하여 '가는 실선 가로 교차 무늬'를 선택한 후 〈확인〉 단추를 클릭합니다.

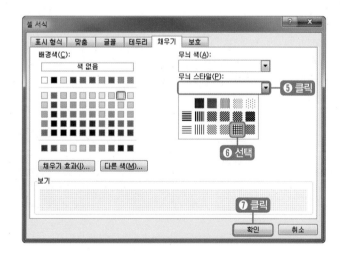

④ 셀에 글자를 입력한 후 서식 변경하기

① [H4:P9] 셀을 클릭하여 'ㅁ'을 입력한 후 [한자] 키를 눌러 '★'을 선택합니다.

  ※ 한글 자음(ㄱ,ㄴ,ㄷ~ㅎ)을 입력한 후 [한자] 키를 누르면 다양한 종류의 특수문자를 선택할 수 있습니다.

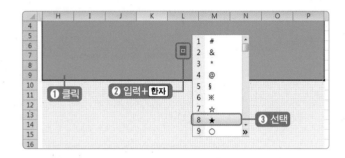

② '지구야 고마워'를 입력한 후 똑같은 방법으로 특수문자 '★'을 삽입합니다. 이어서, [Enter] 키를 누릅니다.

  ※ 글자 입력 후 '워' 뒤를 다시 클릭하여 특수문자를 입력합니다.

③ [H4:P9] 셀을 선택한 후 [홈] 탭의 [글꼴] 그룹에서 '글꼴(맑은 고딕 ▾)'의 목록 단추(▾)를 클릭합니다. 이어서, 'HY견고딕'을 선택합니다.

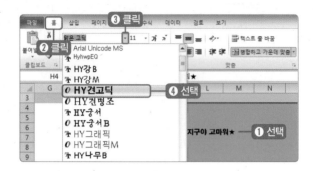

④ [홈] 탭의 [글꼴] 그룹에서 '글꼴 크기(11 ▾)'의 목록 단추(▾)를 클릭한 후 '48pt'를 선택합니다.

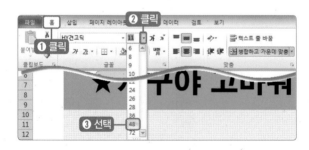

⑤ 글꼴 색을 변경하기 위해 [홈] 탭의 [글꼴] 그룹에서 '글꼴 색(가 ▾)'의 목록 단추를 클릭한 후 '흰색, 배경 1(☐)'을 선택합니다.

❻ [삽입] 탭의 [일러스트레이션] 그룹에서 '그림()'을 클릭합니다.

❼ 이어서, [그림 삽입] 대화상자가 나오면 [불러올파일]-[지구]-지구본1.png 파일을 선택한 후 〈삽입〉 단추를 클릭합니다.

※ 특정 셀을 클릭한 상태에서 그림을 삽입하면 선택한 셀 기준으로 그림이 삽입됩니다.

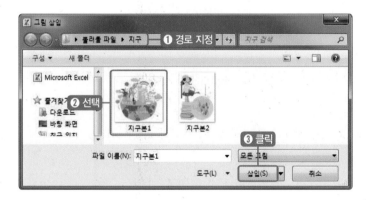

❽ 그림의 조절점(◎)을 드래그 하여 크기를 조절한 후 위치를 변경합니다.

※ 연습문제를 참고하여 그림의 크기와 위치를 조절합니다.

❾ [파일] 탭에서 [다른 이름으로 저장(📄)]을 클릭합니다. [다른 이름으로 저장] 대화상자가 나오면 본인의 폴더에 '지구야고마워(홍길동)'으로 저장합니다.

연습문제

1. [B4:G31] 셀에 채우기 색을 지정한 후 그림을 삽입해 봅니다.

- 채우기 색 : 바다색, 강조 5, 80% 더 밝게(☐)
- 그림 삽입 : [삽입]-[일러스트레이션]-그림(🖼) → [불러올 파일]-[파일]-[지구]-지구본2 → 크기 및 위치 조절

2. [B32:P34] 셀에 글자를 입력한 후 서식을 변경해 봅니다.

- 글자 입력 : '즐거운 마음으로 지구를 지켜요'
- 글꼴(휴먼굵은샘체) → 글꼴 크기(36pt) → 글꼴 색(노랑 ☐)
- [홈]-[맞춤]-텍스트 왼쪽 맞춤(▤) → 들여쓰기(▤)

Chapter 03

초등학교 시간표

◉ 셀에 한자와 특수문자를 입력할 수 있습니다.

◉ 테두리를 적용하고, 시트 이름과 색상을 변경할 수 있습니다.

완성된 작품 미리보기

불러올 파일 : 시간표.xlsx, 학생들.png   완성된 파일 : 시간표(완성).xlsx

[주요 학습 기능]

1. 파일 불러오기
2. 한글/한자 변환
3. 특수문자 입력
4. 글꼴 서식 변경
5. 테두리 지정
6. 그림 삽입
7. 시트 탭 이름 변경
8. 시트 탭 색상 변경
9. 다른 이름으로 저장

▣ 한자 입력하기

❶ 엑셀 2010을 실행한 후 [파일] 탭 - [열기(📂)]를 클릭합니다.

❷ [열기] 대화상자가 나오면 [불러올 파일] - [초등시간표] - 시간표.xlsx 파일을 선택한 후 〈열기〉 단추를 클릭합니다.

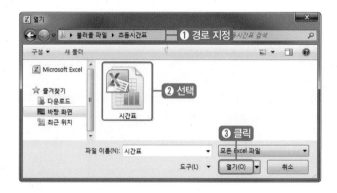

❸ [C3] 셀을 클릭하여 '월'을 입력한 후 드래그 하여 블록으로 지정합니다. 이어서, [한자] 키를 누릅니다

❹ [한글/한자 변환] 대화상자가 나오면 '한자 선택' - '月', '입력형태' - '한글(漢字)'를 각각 선택한 후 〈변환〉 단추를 클릭합니다.

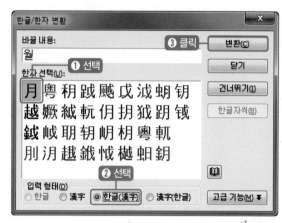

한자 입력

셀에 한자만 입력하고 싶을 때는 '월' 입력과 동시에 [한자] 키를 누르면 한자의 뜻과 음을 바로 확인하여 간편하게 한자를 입력할 수 있습니다.

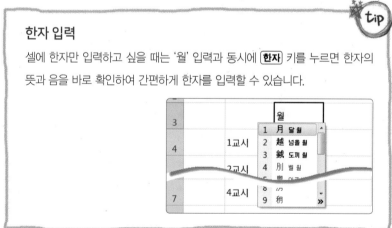

2 데이터 입력하기

① [B2:G2] 셀을 클릭한 후 '♠ 시 간 표 ♠'를 입력합니다.

※ '♠' 모양은 'ㅁ'을 입력한 후 한자 키를 눌러 찾을 수 있습니다.

특수문자 입력하기

한글 자음(ㄱ,ㄴ,ㄷ~ㅎ)을 입력한 후 한자 키를 눌러 특수문자를 입력할 수 있습니다. '♠' 모양은 'ㅁ'을 입력한 후 한자 키를 눌러 찾을 수 있습니다.

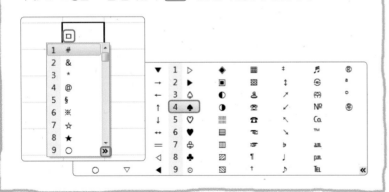

② [B8:G8] 셀을 클릭한 후 '즐거운 점심 시간~!!'을 입력합니다.

즐거운 점심 시간~!! ── 입력

3 글꼴 서식 변경하기

① [C3:G3]을 드래그 하여 범위를 지정한 후 Ctrl 키를 누른채 [B4:B7]과 [B9:B10]을 드래그 합니다.

※ Ctrl 키를 누른 채 각각 범위를 드래그 하면 원하는 셀만 선택할 수 있습니다.

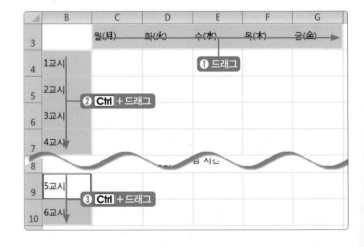

❷ [홈] 탭의 [글꼴] 그룹에서 '글꼴(휴먼모음T)', '글꼴 크기(14pt)'를 각각 지정합니다. 이어서, [맞춤] 그룹에서 '가운데 맞춤(≡)'을 클릭합니다.

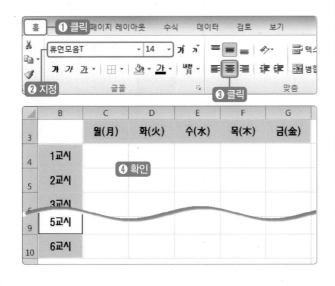

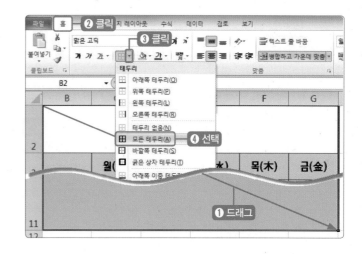

❷ 다시 '테두리(⊞▾)'의 목록 단추(▾)를 클릭한 후 '굵은 상자 테두리(□)'를 선택합니다.

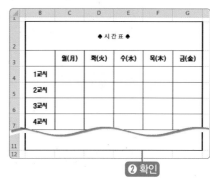

4 테두리 지정하기

❶ [B2:G11]을 드래그 하여 범위를 지정한 후 [홈] 탭의 [글꼴] 그룹에서 '테두리(⊞▾)'의 목록 단추(▾)를 클릭합니다. 이어서, '모든 테두리(⊞)'를 선택합니다.

5 그림 삽입하기

① [B11:G11] 셀을 선택한 후 [삽입] 탭의 [일러스트레이션] 그룹에서 '그림()'을 클릭합니다.

② [그림 삽입] 대화상자가 나오면 [불러올 파일] – [초등시간표] – 학생들.png 파일을 선택한 후 〈삽입〉 단추를 클릭합니다.

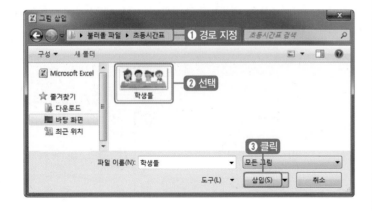

6 시트 탭 이름 및 색상 변경하기

① 워크시트 하단의 [Sheet1] 탭 위에서 마우스 오른쪽 버튼을 눌러 [이름 바꾸기]를 클릭합니다.

❷ '시간표'를 입력한 후 **Enter** 키를 누릅니다.

❸ [시간표] 탭 위에서 마우스 오른쪽 버튼을 눌러 [탭 색]을 클릭한 후 '빨강, 강조 2'를 선택합니다.

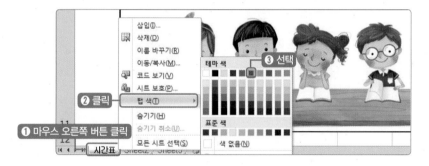

❹ [파일] 탭에서 [다른 이름으로 저장(📧)]을 클릭합니다. [다른 이름 으로 저장] 대화상자가 나오면 본인의 폴더에 '시간표(홍길동)'으로 저장합니다.

연습문제

1. 셀에 색을 채워 봅니다.

– [B2:G2], [B8:G8], [B11:G11] : 채우기 색(바다색, 강조 5, 80% 더 밝게 ☐)

– [B3:G3], [B4:B7], [B9:B10] : 채우기 색(바다색, 강조 5 ■)

※ [B11:G11] 셀을 선택할 때 삽입된 그림이 선택되지 않도록 주의 하여 작업합니다.

2. 글꼴 서식을 변경해 봅니다.

– [B2:G2] : 글꼴(휴먼둥근헤드라인) → 글꼴 크기(28pt) → 글꼴 색(파랑 ■)

– [B8:G8] : 글꼴(휴먼모음T) → 글꼴 크기(18pt) → 글꼴 색(파랑 ■)

– [B3:G3], [B4:B7], [B9:B10] : 글꼴 색(흰색, 배경 1 ☐)

Chapter 달력 만들기

◉ 자동 채우기 핸들을 이용하여 요일과 날짜를 입력할 수 있습니다.

◉ 셀에 메모를 입력할 수 있습니다.

완성된 작품 미리보기

불러올 파일 : 달력.xlsx, 어린이1~2.png   완성된 파일 : 달력(완성).xlsx

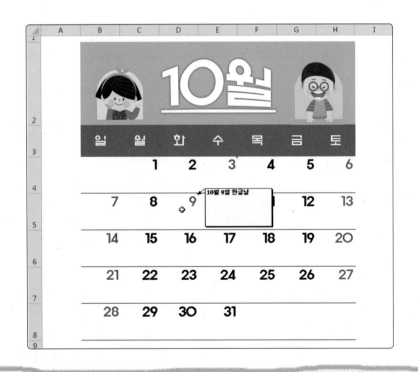

[주요 학습 기능]

1. 파일 불러오기
2. 채우기 핸들
3. 워드아트
4. 테두리 지정
5. 글꼴 서식 변경
6. 메모 입력
7. 눈금선 해제
8. 그림 삽입
9. 다른 이름으로 저장

① 자동 채우기 핸들

① 엑셀 2010을 실행한 후 [파일] 탭-[열기(📂)]를 클릭합니다.

② [열기] 대화상자가 나오면 [불러올 파일]-[달력만들기]-달력.xlsx 파일을 선택한 후 〈열기〉 단추를 클릭합니다.

③ [B3] 셀을 클릭한 후 '일'을 입력합니다. 이어서, [B3] 셀의 채우기 핸들(➡)을 [H3] 셀까지 드래그 합니다.

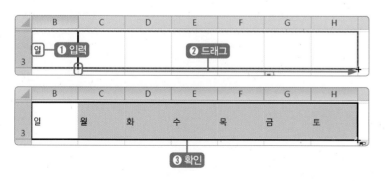

④ [C4] 셀을 클릭한 후 '1'을 입력합니다. 이어서, **Ctrl** 키를 누른 채 [C4] 셀의 채우기 핸들(➕)을 [H4] 셀까지 드래그 합니다.

※ **Ctrl** 키를 누른 채 채우기 핸들을 드래그 하면 숫자가 1씩 증가하면서 입력됩니다.

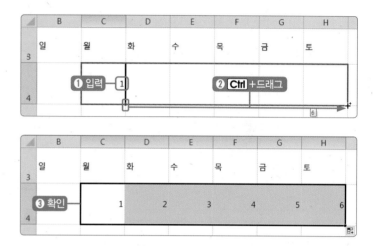

⑤ 똑같은 방법으로 나머지 '7~31'까지 자동 채우기 핸들을 이용하여 날짜를 입력합니다.

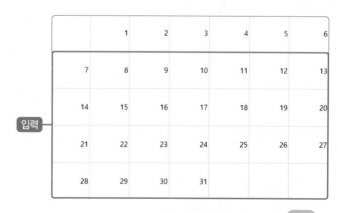

2 워드아트 만들기

① [삽입] 탭의 [텍스트] 그룹에서 'WordArt(➜)'를 클릭한 후 '채우기 – 흰색, 그림자'를 선택합니다.

② 그림과 같이 '필요한 내용을 적으십시오.' 라는 문구가 표시되면 '10월'을 입력한 후 테두리 선을 클릭합니다.

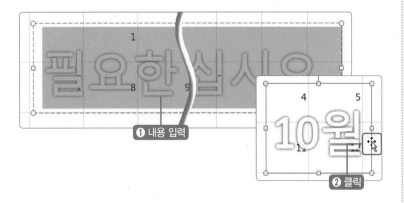

③ [홈] 탭의 [글꼴] 그룹에서 '글꼴(휴먼엑스포)', '밑줄(과)'를 각각 지정합니다.

④ [서식] 탭의 [WordArt] 스타일 그룹에서 '텍스트 효과'를 클릭합니다. 이어서, 변환을 클릭한 후 '위쪽 팽창'을 선택합니다.

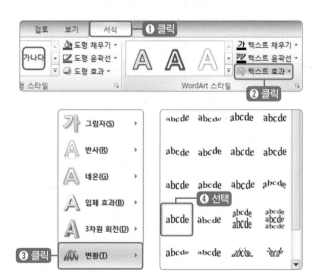

❺ 워드아트('10월')의 조절점(◎)을 드래그 하여 크기를 조절한 후 테두리를 드래그 하여 위치를 변경합니다.

※ 워드아트에 변환 효과를 적용하면 도형이나 그림처럼 조절점(◎)을 드래그 하여 크기를 조절할 수 있습니다.

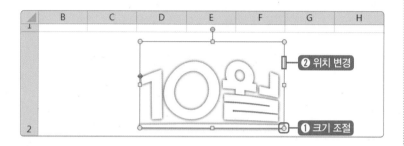

3 테두리 적용하기

❶ [B4:H4]를 드래그 하여 범위를 지정한 후 **Ctrl** 키를 누른채 [B5:H5], [B6:H6], [B7:H7], [B8:H8]을 드래그 합니다.

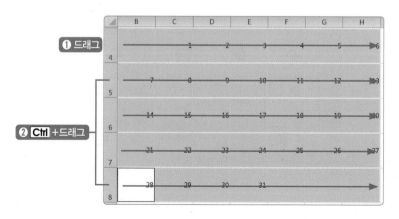

❷ [홈] 탭의 [글꼴] 그룹에서 '테두리(⊞▾)'의 목록 단추(▾)를 클릭한 후 '선 색'을 선택합니다. 이어서, '자주, 강조4'를 선택합니다.

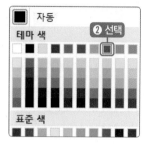

❸ 마우스 커서가 ✏ 모양으로 변경되면 다시 '테두리(⊞▾)'의 목록 단추(▾)를 클릭한 후 '굵은 아래쪽 테두리'를 선택합니다.

※ 지정한 범위의 셀 아래쪽에 굵은 테두리가 적용됩니다.

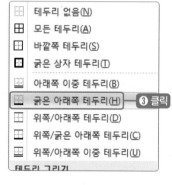
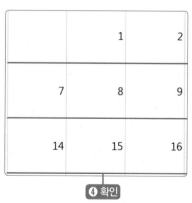

4 글꼴 서식 변경하기

① [B3:H8]을 드래그 하여 범위를 지정한 후 [홈] 탭의 [글꼴] 그룹에서 '글꼴(휴먼엑스포)', '글꼴 크기(20pt)'를 각각 지정합니다.

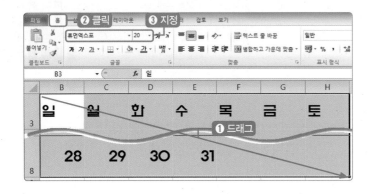

② [B4:H8]을 드래그 하여 범위를 지정한 후 [홈] 탭의 [맞춤] 그룹에서 '위쪽 맞춤'을 클릭합니다.

※ 지정한 범위의 내용(날짜)이 셀의 위쪽으로 정렬됩니다.

③ [B3:H3]을 드래그 하여 범위를 지정한 후 [홈] 탭의 [맞춤] 그룹에서 '가운데 맞춤'을 클릭합니다.

※ 지정한 범위의 내용(요일)이 셀의 가운데로 정렬됩니다.

5 메모 입력하기

① [E4] 셀 위에서 마우스 오른쪽 버튼을 눌러 [메모 삽입]을 클릭한 후 메모의 내용을 모두 드래그합니다. 이어서, '10월 3일 개천절'을 입력한 후 특정 셀을 클릭합니다.

※ 메모를 삽입했을 때 첫 줄에 입력 되어있는 내용은 컴퓨터 환경에 따라 다르게 나올 수 있습니다.

❷ 똑같은 방법으로 [D5] 셀에 메모를 삽입한 후 '10월 9일 한글날'을 입력합니다.

※ 메모가 삽입된 셀의 오른쪽 상단에는 빨간 점(◻️)이 표시됩니다.

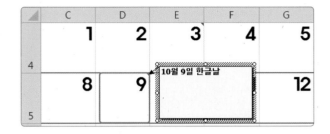

❸ 눈금선을 해제하기 위해 [보기] 탭의 [표시] 그룹에서 '눈금선'의 체크를 해제합니다.

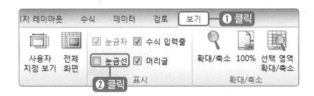

❹ [파일] 탭에서 [다른 이름으로 저장(🖼️)]을 클릭합니다. [다른 이름으로 저장] 대화상자가 나오면 본인의 폴더에 '달력(홍길동)'으로 저장합니다.

연습문제

1. 셀에 색을 채워 봅니다.

- [B2:H2] : 채우기 색(자주, 강조 4, 60% 더 밝게 ▨)
- [B3:H3] : 채우기 색(자주, 강조 4 ■)

2. 글꼴 색을 변경해 봅니다.

- [B3:H3] : 글꼴 색(흰색, 배경, 1 ☐)
- [H4:H7] : 글꼴 색(파랑 ■)
- [B5:B8], [E4], [D5] : 글꼴 색(빨강 ■)

3. 그림을 삽입한 후 크기 및 위치를 조절해 봅니다.

- [불러올 파일]–[달력만들기]–어린이1~2.png

Chapter 05

방과 후 수업 선호도 조사

◎ 도형을 이용하여 제목을 입력할 수 있습니다.

◎ 표 서식을 지정한 후 텍스트 정렬 및 자동 필터를 적용할 수 있습니다.

완성된 작품 미리보기

불러올 파일 : 방과후선호도.xlsx, 물음표.png   완성된 파일 : 방과후선호도(완성).xlsx

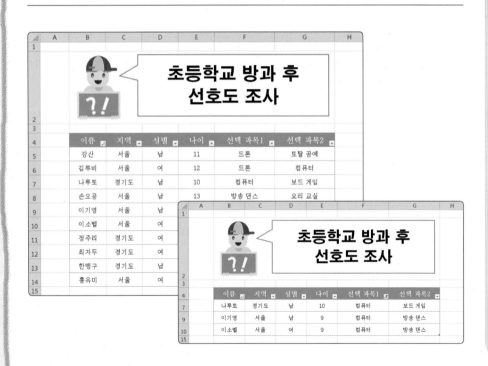

[주요 학습 기능]

1. 파일 불러오기

2. 그림 삽입

3. 도형 삽입

4. 도형 스타일

5. 표 서식

6. 정렬

7. 자동 필터

8. 다른 이름으로 저장

1 제목 만들기

① 엑셀 2010을 실행한 후 [파일] 탭 – [열기(📂)]를 클릭합니다.

② [열기] 대화상자가 나오면 [불러올 파일] – [방과후] – 방과후선호
도.xlsx 파일을 선택한 후 〈열기〉 단추를 클릭합니다.

③ [B2:G2] 셀을 선택한 후 [삽입] 탭의 [일러스트레이션] 그룹에서
'그림(🖼)'을 클릭합니다.

④ [그림 삽입] 대화상자가 나오면 [불러올 파일] – [방과후] – 물음
표.png 파일을 선택한 후 〈삽입〉 단추를 클릭합니다.

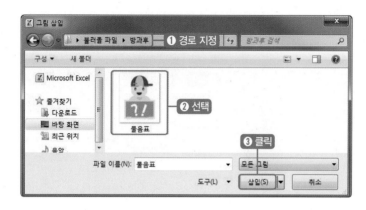

⑤ 그림이 삽입되면 조절점(◎)을 드래그 하여 크기를 조절한 후 그림
과 같이 위치를 변경합니다.

※ Alt 키를 누른 채 드래그 하면 셀에 맞춰 조절하기 편리합니다.

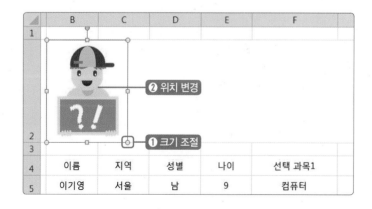

❻ [삽입] 탭의 [일러스트레이션] 그룹에서 '도형'을 클릭한 후 설명선의 '사각형 설명선'을 선택합니다.

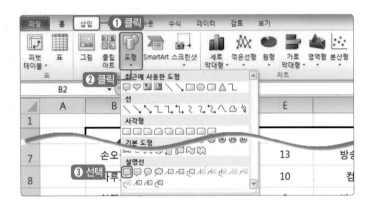

❼ 마우스 커서가 ➕ 모양으로 변경되면 아래 그림과 같이 드래그 하여 도형을 삽입합니다.

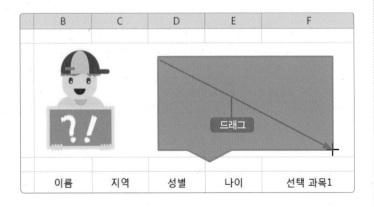

❽ 조절점(◉)을 드래그 하여 크기를 조절한 후 그림과 같이 위치를 변경합니다. 이어서, 도형 아래쪽의 노란색 조절점(◇)을 남학생 그림쪽으로 드래그 하여 모양을 변경합니다.

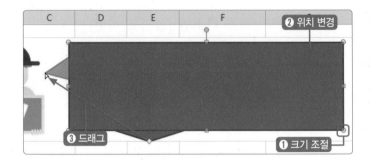

❾ [서식] 탭의 [도형 스타일] 그룹에서 자세히 단추(▾)를 클릭한 후 '색 윤곽선 – 주황, 강조 6'을 선택합니다.

⑩ 도형의 스타일이 변경되면 도형이 선택된 상태에서 '초등학교 방과 후 선호도 조사'를 입력합니다.

※ Enter 키를 이용하여 한 줄을 띄어쓰기 합니다.

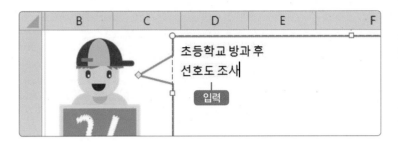

⑪ 도형의 테두리를 클릭한 후 [홈] 탭의 [글꼴] 그룹에서 '글꼴(HY 견고딕)', '글꼴 크기(32pt)'를 각각 지정합니다.

⑫ 이어서, '가로 – 가운데 맞춤(≡)'과 '세로 – 가운데 맞춤(≡)'을 선택 합니다.

2 표 서식 지정

❶ [B4:G14]를 드래그 하여 범위를 지정합니다.

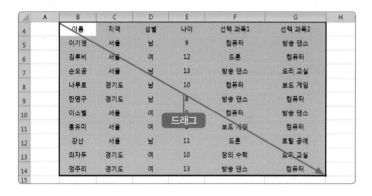

❷ [홈] 탭의 [스타일] 그룹에서 '표 서식(▦)'을 클릭한 후 '표 스타일 밝게 14'를 선택합니다

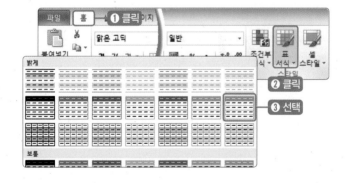

❸ [표 서식] 대화상자가 나오면 〈확인〉 단추를 클릭합니다.

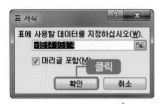

3 글꼴 서식 변경하기

❶ [B4:G14]를 드래그 하여 범위를 지정한 후 [홈] 탭의 [글꼴] 그룹에서 '글꼴(바탕)', '글꼴 크기(12pt)'를 각각 지정합니다.

❷ [B4:G4]를 드래그 하여 범위를 지정한 후 [홈] 탭의 [글꼴] 그룹에서 '글꼴 크기(14)', '굵게(가)'를 지정합니다.

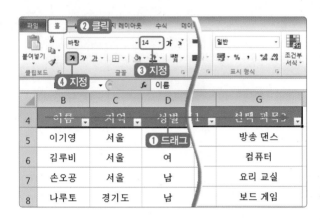

4 텍스트 정렬 및 자동 필터

❶ '이름' 셀의 필터 목록 단추(▼)를 클릭한 후 [텍스트 오름차순 정렬]을 선택합니다.

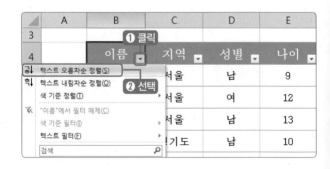

정렬

❷ '선택 과목1' 셀의 필터 목록 단추(▼)를 클릭한 후 '(모두 선택)'의 체크를 해제합니다. 이어서, '컴퓨터'를 체크한 후 〈확인〉 단추를 클릭합니다.

※ 자동 필터가 지정되면 필터 목록 단추가 ⏷ 모양으로 변경됩니다. 또한 행 머리글의 색상이 변경됩니다.

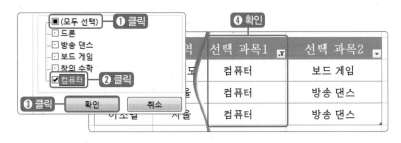

❸ [파일] 탭에서 [다른 이름으로 저장(🖫)]을 클릭합니다. [다른 이름으로 저장] 대화상자가 나오면 본인의 폴더에 '방과후선호도(홍길동)'으로 저장합니다.

연습문제

1. 자동 필터를 해제해 봅니다.

– '선택 과목1' 셀의 필터 목록 단추(⏷)를 클릭한 후 ["선택 과목1"에서 필터 해제]를 클릭

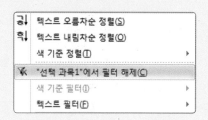

2. 아래 조건에 맞는 자동 필터를 지정해 봅니다.

– 조건 : '지역'이 '경기도'인 데이터만 추출

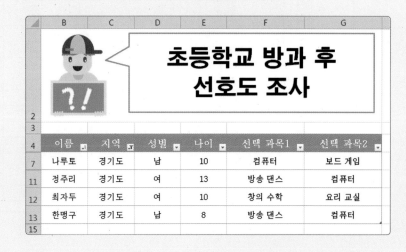

Chapter **06**

햄버거 판매 현황

◎ 자동 합계 기능을 이용하여 합계, 평균, 최대값, 최소값을 계산할 수 있습니다.
◎ 표시 형식의 사용자 지정을 셀에 적용하고, 조건부 서식을 지정할 수 있습니다.

완성된 작품 미리보기

불러올 파일 : 판매현황.xlsx, 햄버거1~2.png   완성된 파일 : 판매현황(완성).xlsx

[주요 학습 기능]

1. 파일 불러오기
2. 데이터 입력
3. 자동 합계
4. 표시형식(사용자 지정)
5. 조건부 서식
6. 다른 이름으로 저장

1 데이터 입력 및 채우기 색

❶ 엑셀 2010을 실행한 후 [파일] 탭 - [열기(📂)]를 클릭합니다.

❷ [열기] 대화상자가 나오면 [불러올 파일] - [햄버거판매] - 판매현황.xlsx 파일을 선택한 후 〈열기〉 단추를 클릭합니다.

❸ [C4] 셀을 클릭한 후 '1호점'을 입력한 후 **Alt** + **Enter** 키를 눌러 '판매 수량'을 입력합니다. 이어서, **Enter** 키를 누릅니다.

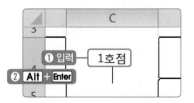

❹ 똑같은 방법으로 [D4], [E4], [F4] 셀에 내용을 각각 입력합니다.

	D	E	F
3			
4	2호점 판매 수량	3호점 판매 수량	4호점 판매수량
5	10	13	18

입력

🌟 tip

셀에 데이터 입력 및 수정

① 데이터 입력 후 **Enter** : 입력된 데이터의 아래쪽 셀로 이동합니다.

② 데이터 입력 후 **Alt** + **Enter** : 입력된 데이터의 아래쪽줄로 이동합니다. 한 셀에 두 줄 이상의 데이터를 입력할 때 사용합니다.

③ 데이터가 있는 셀을 클릭한 후 **F2** : 셀 안의 데이터를 수정할 수 있습니다

---

❺ [B4:F4]를 드래그 하여 범위를 지정합니다. 이어서, **Ctrl** 키를 누른 채 [B12:B15]를 드래그 합니다.

	B	C		E	F
3		1호점	2호점	3호점	4호점
4	제품명	판매 수량	판매 수량	판매 수량	판매수량
5	와규오리지널	25	10	13	18
11	유러피언한정	18		15	
12	판매된 햄버거의 합계 수량				
13	판매된 햄버거의 평균 수량				
14	판매된 햄버거의 최대 수량				
15	판매된 햄버거의 최수 수량				

❶ 드래그
❷ **Ctrl** + 드래그

⑥ [홈] 탭의 [글꼴] 그룹에서 '채우기 색(🪣▾)'의 목록 단추(▾)를 클릭한 후 '자주, 강조 4, 80% 더 밝게'를 선택합니다.

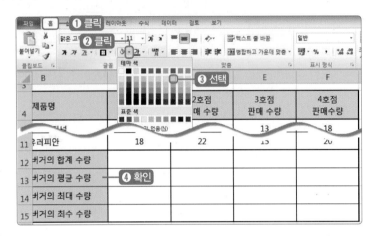

2 자동 계산

❶ [C5:F11]을 드래그 하여 범위를 지정합니다.

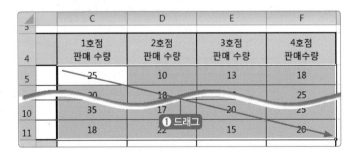

❷ [수식] 탭의 [함수 라이브러리] 그룹에서 '자동 합계(Σ)'를 클릭합니다.

❸ 합계 수량이 자동으로 계산되면 다시 [C5:F11]을 드래그 하여 범위를 지정합니다. 이어서, '자동 합계(Σ)'의 목록 단추(🔽)를 클릭한 후 [평균]을 선택합니다.

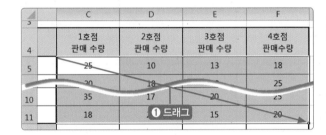

자동 합계 기능

자동 합계(Σ) 기능은 간단한 방법으로 합계, 평균, 숫자 개수, 최대값, 최소값을 구할 수 있습니다. 자동 합계(Σ) 아이콘을 클릭하면 '합계'가 계산되고, 목록 단추(🔽)를 클릭하면 '평균, 숫자 개수, 최대값, 최소값'을 계산할 수 있습니다.

④ 평균 수량이 자동으로 계산되면 다시 [C5:F11]을 드래그 하여 범위를 지정합니다. 이어서, [수식] 탭의 [함수 라이브러리] 그룹에서 '자동 합계(Σ)'의 목록 단추(자동합계·)를 클릭합니다. 이어서, [최대값]을 선택합니다.

※ 최대값은 가장 큰 수를 의미합니다.

⑤ 최대값 수량이 자동으로 계산되면 다시 [C5:F11]을 드래그 하여 범위를 지정합니다. 이어서, [수식] 탭의 [함수 라이브러리] 그룹에서 '자동 합계(Σ)'의 목록 단추(자동합계·)를 클릭한 후 [최소값]을 선택합니다.

※ 최소값은 가장 작은 수를 의미합니다.

3 셀 서식 지정

① [C5:F15]를 드래그 하여 범위를 지정한 후 셀 위에서 마우스 오른쪽 버튼을 눌러 [셀 서식]을 클릭합니다.

※ Ctrl + 1 키를 누르는 방법도 있습니다.

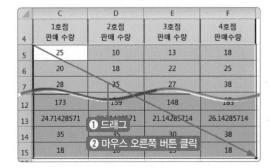

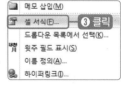

❷ [셀 서식] 대화상자가 나오면 [표시 형식] 탭의 [사용자 지정]을 클릭합니다.

❸ 형식에서 #,##0을 선택한 후 형식 입력 칸에 "개"를 입력합니다. 이어서, 〈확인〉 단추를 클릭합니다.

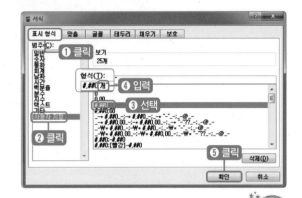

셀 서식 대화상자

셀 서식 대화상자는 [홈] 탭에 있는 다양한 기능을 한 곳에 모아 편리하게 작업할 수 있도록 구성되어 있습니다. 표시형식의사용자 지정에서는 사용자가 직접 서식을 작성하여 셀 값을 표시할 수 있습니다.

▣ 조건부 서식 지정하기

❶ [C5:F11]을 드래그 하여 범위를 지정한 후 [홈] 탭의 [스타일] 그룹에서 조건부 서식(▦)을 클릭합니다. 이어서, '새규칙'을 선택합니다.

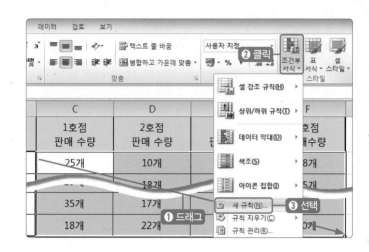

❷ [새 서식 규칙] 대화상자가 나오면 '상위 또는 하위 값만 서식 지정'을 클릭한 후 입력 칸에 '5'를 입력합니다. 이어서, 〈서식〉 단추를 클릭합니다.

※ [C5:F11] 셀 범위 중에서 상위 5개의 값들만 서식을 지정하는 규칙입니다.

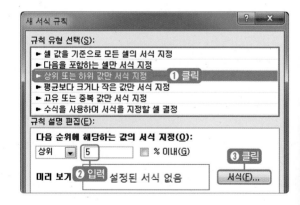

❸ [셀 서식] 대화상자가 나오면 [채우기] 탭에서 배경색을 '황록색, 강조 3, 80% 더 밝게'로 지정한 후 〈확인〉 단추를 클릭합니다.

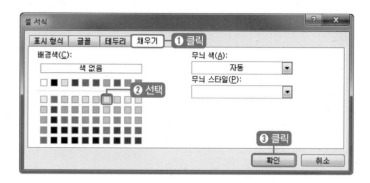

❹ 다시 [새 서식 규칙] 대화상자가 나오면 〈확인〉 단추를 클릭합니다.

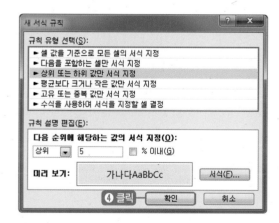

❺ [파일] 탭에서 [다른 이름으로 저장(📧)]을 클릭합니다. [다른 이름으로 저장] 대화상자가 나오면 본인의 폴더에 '판매현황(홍길동)'으로 저장합니다.

연습문제

1. 셀에 색을 채워 봅니다.

- [C12:F15] : 채우기 색(파랑, 강조 1, 80% 더 밝게 ▢)

2. 제목 셀에 그림을 삽입해 봅니다.

- 그림 삽입 : [삽입]-[일러스트레이션]-그림(🖼) → [불러올 파일]-[햄버거판매]-햄버거1~2 → 크기 및 위치 조절

제품명	1호점 판매 수량	2호점 판매 수량	3호점 판매 수량	4호점 판매수량
와규오리지널	25개	10개	13개	18개
콰트로치즈와퍼	20개	18개	22개	25개
햄치즈윌햇	28개	35개	27개	38개
핫크리스피	18개	22개	21개	27개
빅맥	29개	35개	30개	30개
디럭스슈림프	35개	17개	20개	25개
유러피안	18개	22개	15개	20개
판매된 햄버거의 합계 수량	173개	159개	148개	183개
판매된 햄버거의 평균 수량	25개	23개	21개	26개
판매된 햄버거의 최대 수량	35개	35개	30개	38개
판매된 햄버거의 최수 수량	18개	10개	13개	18개

Chapter 07 키가 얼만큼 자랐을까요?

◎ 데이터를 입력한 후 차트를 삽입할 수 있습니다.
◎ 새로운 시트에 차트를 이동한 후 차트의 서식을 변경할 수 있습니다.

완성된 작품 미리보기

불러올 파일 : 패턴.jpg   완성된 파일 : 키성장(완성).xlsx

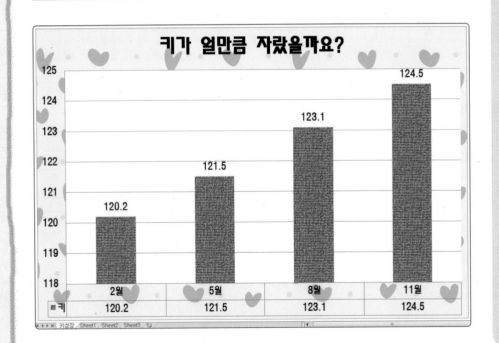

[주요 학습 기능]

1. 데이터 입력

2. 차트 삽입

3. 차트 이동

4. 차트 레이아웃 변경

5. 차트 영역 서식

6. 데이터 계열 서식

7. 데이터 레이블 추가

8. 저장

1 데이터 입력하기

① 엑셀 2010을 실행한 후 [Sheet1]에 차트를 만들 데이터를 입력합니다.

② [A2] 셀을 클릭하여 '2월'을 입력한 후 **Enter** 키를 누릅니다.

※ 데이터를 입력한 후 **Enter** 키를 누르면 아래쪽 셀로 이동합니다.

	A	B	C
1			
2	2월		
3			
4			

① 입력+Enter

	A	B	C
1			
2	2월		
3			
4			

② 확인

③ [A3] 셀에 '5'월을 입력한 후 **Enter** 키를 누릅니다.

	A	B	C
1			
2	2월		
3	5월		
4			
5			

③ 입력+Enter

	A	B	C
1			
2	2월		
3	5월		
4			
5			

④ 확인

④ 똑같은 방법으로 [A4] 셀에 '8월'을 입력한 후 [A5] 셀에 '11월'을 입력합니다.

	A	B	C
3	5월		
4	8월		
5	11월		
6			
7			

⑤ 입력+Enter

⑥ 확인

⑤ [B1] 셀을 클릭하여 '키'를 입력한 후 **Enter** 키를 누릅니다. 이어서, [B2] 셀에 '120.2'를 입력한 후 **Enter** 키를 누릅니다.

※ 소수점은 키보드의 ?을 이용하여 입력합니다.

	A	B
1		키
2	2월	
3	5월	
4	8월	

① 입력+Enter

	A	B
1		키
2	2월	120.2
3	5월	
4	8월	

② 입력+Enter

	A	B
1		키
2	2월	120.2
3	5월	
4	8월	

③ 확인

⑥ 똑같은 방법으로 나머지 데이터를 입력합니다.

	A	B
1		키
2	2월	120.2
3	5월	121.5
4	8월 **입력**	123.1
5	11월	124.5
6		

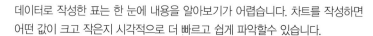

차트의 필요성

데이터로 작성한 표는 한 눈에 내용을 알아보기가 어렵습니다. 차트를 작성하면 어떤 값이 크고 작은지 시각적으로 더 빠르고 쉽게 파악할수 있습니다.

2 차트 삽입하기

① [A1:B5]를 드래그 하여 범위를 지정합니다.

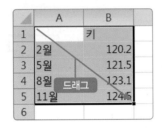

② [삽입] 탭의 [차트] 그룹에서 '세로 막대형(📊)'을 클릭한 후 2차원 세로 막대형의 '묶은 세로 막대형'을 선택합니다.

③ 삽입된 차트 위에서 마우스 오른쪽 버튼을 눌러 [차트 이동]을 클릭합니다.

※ 마우스 오른쪽 버튼 클릭 시 차트 안쪽의 아무것도 없는 빈 공간 또는 차트 테두리 위에서 작업합니다.

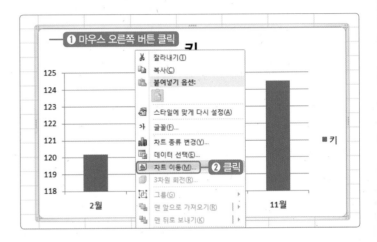

④ [차트 이동] 대화상자가 나오면 '새 시트'를 선택한 후 입력 칸에 '키 성장'을 입력합니다. 이어서, 〈확인〉 단추를 클릭합니다.

3 차트 레이아웃 및 서식 변경하기

① [디자인] 탭의 [차트 레이아웃] 그룹에서 자세히 단추(▽)를 클릭한 후 '레이아웃 5'를 선택합니다.

② 차트의 제목 '키'를 한 번 클릭한 후 내용을 드래그 하여 블록으로 지정합니다. 이어서, '키가 얼만큼 자랐을까요?'를 입력합니다.

③ 차트의 테두리 위에서 마우스 오른쪽 버튼을 눌러 [차트 영역 서식]을 클릭합니다.

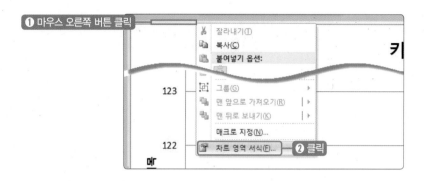

④ [차트 영역 서식] 대화상자가 나오면 [채우기] 탭에서 '그림 또는 질감 채우기'를 선택합니다. 이어서, 〈파일〉 단추를 클릭합니다.

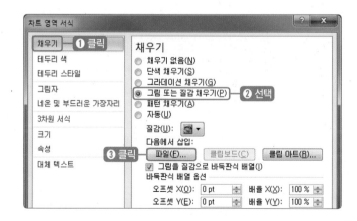

❺ [그림 삽입] 대화상자가 나오면 [불러올 파일] – 패턴.jpg 파일을
선택한 후 〈삽입〉 단추를 클릭합니다.

❻ 다시 [차트 영역 서식] 대화상자가 나오면 〈닫기〉 단추를 클릭합니다.

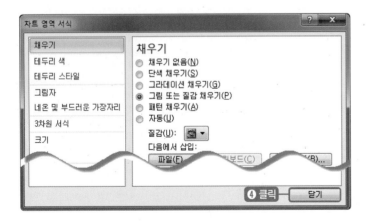

❼ '11월'의 차트 계열 위에서 마우스 오른쪽 버튼을 눌러 [데이터 계열
서식]을 클릭합니다.

※ 계열을 한 번만 클릭하면 모든 계열이 선택됩니다.

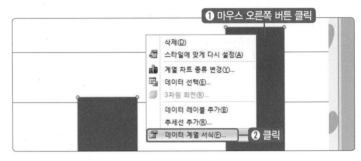

❽ [데이터 계열 서식] 대화상자가 나오면 [채우기] 탭에서 '그림 또는
질감 채우기'를 클릭한 후 '질감'을 선택합니다. 이어서, '데님'을 선
택한 후 〈닫기〉 단추를 클릭합니다.

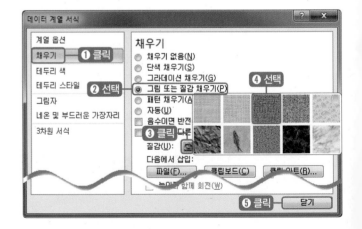

⑨ '11월'의 차트 계열 위에서 마우스 오른쪽 버튼을 눌러 [데이터 레이블 추가]를 클릭합니다.

※ 데이터 레이블이란 차트 계열의 수치를 나타내는 기능입니다.

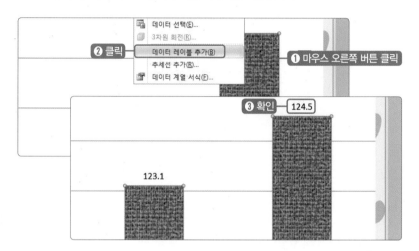

⑩ [파일] 탭에서 [저장(■)]을 클릭합니다. [다른 이름으로 저장] 대화상자가 나오면 본인의 폴더에 '키성장(홍길동)'으로 저장합니다.

연습문제

1. 차트 전체의 글꼴을 변경해 봅니다.

　– 차트의 테두리를 클릭 → 글꼴(휴먼모음T) → 글꼴 크기(16pt)

2. 차트 제목의 글꼴 크기를 변경해 봅니다.

　– 차트의 제목을 클릭 → 글꼴 크기(32pt)

3. 왼쪽의 축 제목을 삭제해 봅니다.

　– '축 제목'을 클릭 → Delete

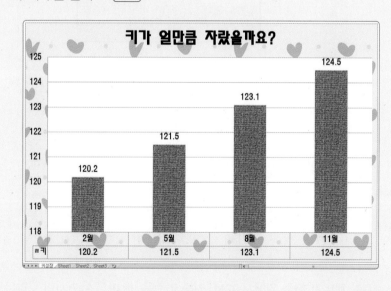

01 다음 워크시트에서 선택된 셀의 주소는 무엇인가요?

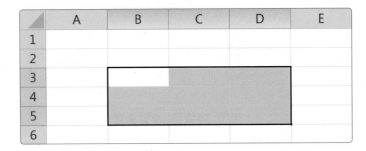

① [B3]　　　② [B3:D5]　　③ [B1:D2]　　④ [C4]

02 한자 또는 특수문자를 입력할 때 사용하는 키는 무엇인가요?

① Ctrl　　② 한/영　　③ 한자　　④ Shift

03 여러 개의 셀을 하나로 합칠 때 필요한 아이콘은 무엇인가요?

①　　②　　③ 가　　④

04 채우기 핸들 위에서 Ctrl 키를 눌렀을 때 마우스 커서의 모양은 무엇인가요?

①　　②　　③　　④

05 [A1] 셀에 '월'을 입력한 후 채우기 핸들을 [B1] 셀까지 드래그 할 경우 [B1] 셀에 표시되는 값은 무엇인가요?

	A	B
1	월	
2		

① 월　　② 화　　③ 수　　④ 목

06 [A1] 셀에 '1'을 입력한 후 Ctrl 키를 누른 채 채우기 핸들을 [B1] 셀까지 드래그 할 경우 [B1] 셀에 표시되는 값은 무엇인가요?

	A	B
1	1	
2		

① 1　　② 2　　③ 3　　④ 4

07 엑셀 2010의 [홈] 탭에 없는 기능은 무엇인가요?

① 글꼴 색　　② 채우기 색　　③ 조건부 서식　　④ 그림

08 다음 워드아트에 적용된 효과는 무엇인가요?

① 변환   ② 네온   ③ 3차원 회전   ④ 반사

09 자동 합계를 실행할 때 사용하는 도구는 무엇인가요?

① Σ   ②   ③   ④

10 차트의 구성 요소에 해당하지 않는 것은 무엇인가요?

① 범례   ② 제목

③ 데이터 레이블   ④ 자동필터

11 비연속적으로 두 개 이상의 셀을 한 번에 선택하는 방법은 무엇인가요?

① Ctrl + 클릭   ② Alt + 클릭

③ Shift + 클릭   ④ Enter + 클릭

12 셀 안에서 줄을 바꿀 때 누르는 키는 무엇인가요?

① Ctrl + 1   ② Alt + S

③ Ctrl + V   ④ Alt + Enter

13 다음에서 사용되지 않은 기능은 무엇인가요?

① 메모 삽입   ② 병합하고 가운데 맞춤

③ 채우기 색   ④ 시트 이름 변경

PART 02

눈사람 퍼즐 맞추기

◉ 셀을 병합하여 제목을 입력한 후 퍼즐 작품을 완성해 봅시다.

완성된 작품 미리보기

불러올 파일 : 눈내리는밤.xlsx   완성된 파일 : 눈내리는밤(완성).xlsx

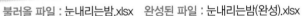

[주요 기능]

1. **병합하고 가운데 맞춤** : [홈]-[맞춤]-병합하고 가운데 맞춤

2. **글꼴** : [홈]-[글꼴]-맑은 고딕 의 목록 단추(▼)

3. **글꼴 크기** : [홈]-[글꼴]-11 의 목록 단추(▼)

4. **글꼴 색** : [홈]-[글꼴]-글꼴 색(가 ▼)의 목록 단추(▼)

5. **채우기 색** : [홈]-[글꼴]-채우기 색(◇ ▼)의 목록 단추(▼)

[기본 작업]
엑셀 2010을 실행 → [파일]-[열기] → [불러올 파일]-'눈내리는밤' → 〈열기〉

작업 1 퍼즐 맞추기

❶ 오른쪽 상단의 퍼즐 조각 클릭 → 왼쪽으로 드래그 하여 표 안에 삽입

※ [Alt] 키를 누른 채 드래그 하면 셀에 맞춰 퍼즐 조각이 이동합니다.

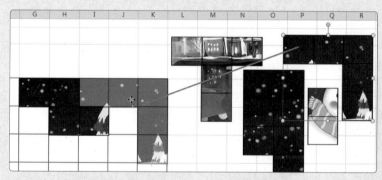

❷ 똑같은 방법으로 다음 이미지를 참고하여 나머지 퍼즐을 완성합니다.

※ 퍼즐의 크기는 조절하지 않습니다.

작업 2 제목 입력

❶ [C3:K3]을 드래그 하여 범위 지정 → 병합하고 가운데 맞춤

❷ '눈 내리는 밤'을 입력 → 글자를 드래그 하여 블록으로 지정 → 글꼴(휴먼모음T) → 글꼴 크기(40pt) → 글꼴 색(흰색, 배경 1 ☐)

작업 3 셀에 색 채우기

❶ [B2:L11]을 드래그 하여 범위 지정 → 채우기 색(진한 파랑 ■)

Chapter 9-2 사과 같은 내 얼굴

◉ 셀을 병합하여 제목을 입력한 후 도형을 이용하여 사과를 장식해 봅시다.

완성된 작품 미리보기

불러올 파일 : 사과얼굴.xlsx, 눈.png   완성된 파일 : 사과얼굴(완성).xlsx

[주요 기능]

1. **병합하고 가운데 맞춤** : [홈]-[맞춤]- 병합하고 가운데 맞춤

2. **글꼴** : [홈]-[글꼴]- 맞은 고딕 의 목록 단추(▾)

3. **글꼴 크기** : [홈]-[글꼴]- 11 ▾ 의 목록 단추(▾)

4. **채우기 색** : [홈]-[글꼴]-채우기 색 (☼▾)의 목록 단추(▾)

5. **테두리** : [홈]-[글꼴]-테두리(▦▾)의 목록 단추(▾)

6. **그림 삽입** : [삽입]-[일러스트레이션]- 그림(🖼)

7. **크기 조절** : 도형 및 그림을 클릭했을 때 표시되는 조절점(◯)을 드래그

8. **그림 복사** : Ctrl + 드래그(자유 복사) / Ctrl + Shift + 드래그(직선 방향 으로 복사)

9. **좌우 대칭** : [서식]-[정렬]-회전(🔄) -좌우 대칭(▲)

[기본 작업]
엑셀 2010을 실행 → [파일]-[열기] → [불러올 파일]-[사과]-'사과얼굴' → 〈열기〉

작업 1 제목 입력

❶ [B3:C31]을 드래그 하여 범위 지정 → 병합하고 가운데 맞춤

❷ [홈] - [맞춤] - 방향() - 세로 쓰기(📄)

❸ '사과 같은 내 얼굴'을 입력 → 글자를 드래그 하여 블록으로 지정 → 글꼴(휴먼매직체) → 글꼴 크기(28pt)

작업 2 셀에 색 채우기

❶ [B3:C31]을 클릭 → 채우기 색(노랑 ☐) → 테두리 - 굵은 상자 테두리(▣)

작업 3 눈 만들기

❶ 그림 삽입(🖼) → [불러올 파일] - [사과] - 눈 → 〈삽입〉 → 크기 및 위치 조절 → 오른쪽으로 복사 → 좌우 대칭(🔀)

작업 4 입 만들기

❶ [삽입] - [일러스트레이션] - 도형(📓) → 기본 도형 - 달(🌙) → 드래그 후 크기 및 위치 조절 → 회전점(🔘)을 드래그 하여 도형 회전 → 조절점(◇)을 드래그 하여 두께 조절

※ Shift 키를 누른 채 회전점(🔘)을 드래그 하면 회전 작업이 편리합니다.

❷ [서식] - [도형 스타일] - 도형 채우기(빨강 ■) → 윤곽선(윤곽선 없음) → 도형 효과 - 입체 효과(급경사 ☐)

Chapter 10-1 컴퓨터 관련 단어 찾기-1

◉ 행과 열의 간격을 조절한 후 테두리를 지정하여 단어 표를 완성해 봅시다.

완성된 작품 미리보기

불러올 파일 : 단어표-1.xlsx   완성된 파일 : 단어표-1(완성).xlsx

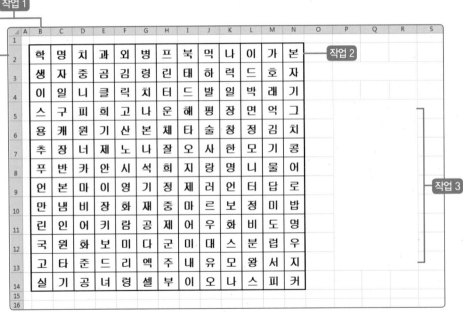

학	명	치	과	외	병	프	북	먹	나	이	가	본
생	자	중	곰	김	령	린	태	하	력	드	호	자
이	일	니	클	릭	치	터	드	발	일	박	래	기
스	구	피	희	고	나	운	해	평	장	면	억	그
용	캐	원	기	산	본	체	타	술	창	정	김	치
추	장	녀	제	노	나	잘	오	사	한	모	기	콩
푸	반	카	안	시	석	희	지	랑	명	니	물	어
언	본	마	이	영	기	정	제	러	언	터	답	로
만	냄	비	장	화	재	중	마	르	보	정	미	밥
린	인	어	키	람	공	제	어	우	화	비	도	명
국	원	화	보	미	다	군	미	대	스	분	립	우
고	타	준	드	리	엑	주	내	유	모	왕	서	지
실	기	공	녀	령	셀	부	이	오	나	스	피	커

작업 1

작업 2

작업 3

[주요 기능]

1. **행 높이 조절** : 행의 머리글 위에서 마우스 오른쪽 버튼 클릭-[행 높이]

2. **열 너비 조절** : 열의 머리글 위에서 마우스 오른쪽 버튼 클릭-[열 너비]

3. **테두리** : [홈]-[글꼴]-테두리(▦▾)의 목록 단추(▾)

4. **글꼴** : [홈]-[글꼴]-맑은 고딕▾의 목록 단추(▾)

5. **글꼴 크기** : [홈]-[글꼴]-11▾의 목록 단추(▾)

6. **굵게** : [홈]-[글꼴]-굵게(가)

7. **병합하고 가운데 맞춤** : [홈]-[맞춤]-병합하고 가운데 맞춤

[기본 작업]

엑셀 2010을 실행 → [파일]-[열기] → [불러올 파일]-[단어찾기]-'단어
표-1' → 〈열기〉

작업 ① 행 높이 / 열 너비 조절

❶ 행 높이 조절 : 2~14행 드래그 → 행 높이(35)

❷ 열 너비 조절 : B~N열 드래그 → 열 너비(6)

행 / 열의 크기를 한 번에 조절하기

조절하려는 행의 숫자를 드래그한 후 머리글 위에서 마우스 오른쪽 버튼을
눌러 [행 높이]를 클릭합니다. 열의 너비도 똑같은 방법으로 조절합니다.

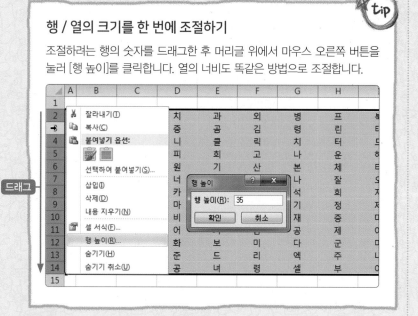

작업 ② 테두리 지정 및 글꼴 변경

❶ [B2:N14]를 드래그 하여 범위 지정 → 테두리 - 모든 테두리(田)
→ 테두리 - 굵은 상자 테두리(回)

❷ 글꼴(굴림) → 글꼴 크기(20pt) → 굵게(가)

작업 ③ 셀 병합

❶ [P3:R3]을 드래그 하여 범위 지정 → 병합하고 가운데 맞춤

❷ [P5:R13]을 드래그 하여 범위 지정 → 병합하고 가운데 맞춤

병합하고 가운데 맞춤

셀을 드래그 하여 범위를 지정한 후 '병합하고 가운데 맞춤(圖)'을 클릭하면
하나의 셀로 합쳐지면서 가운데 정렬이 지정됩니다.

병합 전 ▶

병합 후 ▶

Chapter 10-2 컴퓨터 관련 단어 찾기-2

◎ 그림을 넣은 후 셀에 색을 채워 단어를 찾은 단어를 표시해 봅시다.

완성된 작품 미리보기

불러올 파일 : 단어표-2.xlsx, 캐릭터1~2.png   완성된 파일 : 단어표-2(완성).xlsx

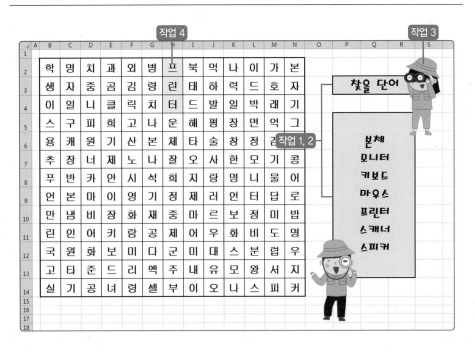

[주요 기능]

1. **글꼴** : [홈]-[글꼴]-맑은 고딕 ▼의 목록 단추(▼)

2. **글꼴 크기** : [홈]-[글꼴]-11 ▼의 목록 단추(▼)

3. **채우기 색** : [홈]-[글꼴]-채우기 색 (◇▼)의 목록 단추(▼)

4. **테두리** : [홈]-[글꼴]-테두리(⊞▼)의 목록 단추(▼)

5. **그림 삽입** : [삽입]-[일러스트레이션]-그림( )

6. **크기 조절** : 도형 및 그림을 클릭했을 때 표시되는 조절점(○)을 드래그

[기본 작업]

엑셀 2010을 실행 → [파일]-[열기] → [불러올 파일]-[단어찾기]-'단어표-2' → 〈열기〉

작업 **1** 병합한 셀에 글자 입력하기

❶ [P3:R3]을 클릭 → '찾을 단어'를 입력 → Enter

❷ [P5:R13]을 클릭 → '본체'를 입력 → Alt + Enter → '모니터'를 입력 → Alt + Enter → '키보드'를 입력

❸ 똑같은 방법으로 나머지 '마우스, 프린터, 스캐너, 스피커'를 입력 → Enter

---

tip

셀 안에서 줄 바꾸기

셀 안에 글자를 입력한 후 Enter 키를 누르면 다음 셀(아래)로 이동합니다.
셀 안에서 줄 바꾸기를 해야 할 경우에는 Alt + Enter 키를 누릅니다.

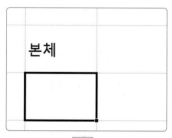

▲ 글자 입력 후 Enter   ▲ 글자 입력 후 Alt + Enter

작업 **2** 셀 서식 변경하기

❶ [P3:R3]을 클릭 → Ctrl → [P5:R13]을 클릭 → 글꼴(휴먼매직체) → 글꼴 크기(26pt) → 채우기 색(바다색, 강조 5, 80% 더 밝게 □) → 테두리 - 굵은 상자 테두리(□)

※ Ctrl 키를 누른 채 원하는 셀을 각각 선택하면 여러 개의 셀을 동시에 선택할 수 있습니다.

작업 **3** 그림 넣기

❶ 그림 삽입(🖼) → [불러올 파일]-[단어찾기]-캐릭터1 → 〈삽입〉 → 크기 및 위치 조절

❷ 똑같은 방법으로 '캐릭터2'를 삽입 → 크기 및 위치 조절

작업 **4** 단어 찾기

❶ [H2:H4]를 드래그 하여 범위 지정 → 채우기 색(노랑 □)

❷ 똑같은 방법으로 나머지 단어(본체, 모니터, 키보드, 마우스, 스캐너, 스피커)를 찾아서 채우기 색을 변경

 **Chapter 11-1** 캔버스아트 공모전-1

◎ 다양한 꾸밈 효과를 이용하여 그림에 효과를 지정해 봅시다.

완성된 작품 미리보기

불러올 파일 : 공모전-1.xlsx, 꽃.jpg　완성된 파일 : 공모전-1(완성).xlsx

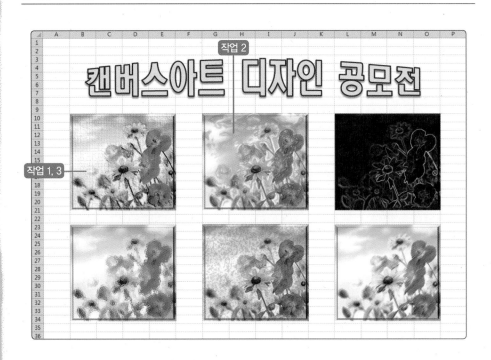

[주요 기능]

1. **그림 삽입 :** [삽입]-[일러스트레이션]-그림(🖼️)

2. **그림 복사 :** Ctrl + 드래그(자유 복사) / Ctrl + Shift + 드래그(직선 방향으로 복사)

3. **꾸밈 효과 :** [서식]-[조정]-꾸밈효과(🎨)

[기본 작업]

엑셀 2010을 실행 → [파일]-[열기] → [불러올 파일]-[캔버스아트]-
'공모전-1' → 〈열기〉

작업 1 그림 넣기

❶ [B10] 셀을 클릭 → 그림 삽입() → [불러올 파일]-[캔버스
아트]-꽃 → 〈삽입〉

※ 특정 셀을 클릭한 후 그림을 삽입하면 선택한 셀을 기준으로 그림이 삽입이 되며,
크기는 조절하지 않습니다.

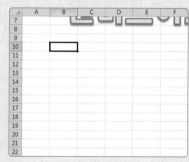 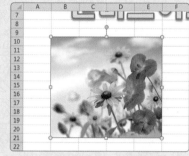

❷ [서식]-[그림 스타일]-그림 효과 → 입체 효과(볼록하게 ☐)

작업 2 복사하기

❶ 첫 번째 그림 클릭 → Ctrl + Shift 키를 누른 채 오른쪽으로
드래그

❷ 두 번째 그림 클릭 → Ctrl + Shift 키를 누른 채 오른쪽으로
드래그

❸ Shift 키를 누른 채 위쪽 그림(3개)을 각각 클릭 → Ctrl + Shift
키를 누른 채 아래쪽으로 드래그

❹ Esc 키를 눌러 모든 선택을 해제

작업 3 꾸밈 효과 적용

❶ 첫 번째 그림을 클릭 → 꾸밈 효과(☐) - 시멘트

❷ 두 번째 그림을 클릭 → 꾸밈 효과(☐) - 플라스틱 워프

❸ 세 번째 그림을 클릭 → 꾸밈 효과(☐) - 네온 가장자리

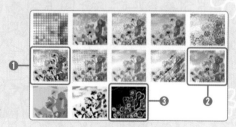

❹ 똑같은 방법으로 나머지 그림에 꾸밈 효과를 다양하게 지정

Chapter 11-2 캔버스아트 공모전-2

◎ 삽입한 그림의 배경을 투명한 색으로 지정해 봅시다.

완성된 작품 미리보기

불러올 파일 : 공모전-2.xlsx, 상.jpg   완성된 파일 : 공모전-2(완성).xlsx

[주요 기능]

1. **텍스트 효과** : [서식]-[WordArt 스타일]
   -텍스트 효과

2. **도형 삽입** : [삽입]-[일러스트레이션]-
   도형(🗔)

3. **크기 조절** : 도형 및 그림을 클릭했을
   때 표시되는 조절점(⭕)을 드래그

4. **도형 채우기** : [서식]-[도형 스타일]-
   도형 채우기

   도형 채우기 하위 메뉴 : 🖼 질감①

5. **도형 윤곽선** : [서식]-[도형 스타일]-
   도형 윤곽선

6. **맨 뒤로 보내기** : 도형 위에서 마우스
   오른쪽 버튼을 클릭한 후 [맨 뒤로
   보내기]

7. **그림 삽입** : [삽입]-[일러스트레이션]-
   그림(🖼)

[기본 작업]
엑셀 2010을 실행 → [파일]-[열기] → [불러올 파일]-[캔버스아트]-
'공모전-2' → 〈열기〉

작업 1 워드아트 효과

❶ 워드아트('캔버스아트 디자인 공모전')를 클릭 → 테두리를 클릭
→ 텍스트 효과 - 네온(다른 네온 색) → 황갈색, 배경 2(🔲)

※ 워드아트의 글꼴을 바꾸거나 효과를 적용할 때는 반드시 테두리를 클릭한 후
작업합니다.

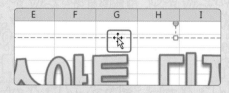

작업 2 직사각형 도형으로 배경 넣기

❶ 사각형 - 직사각형(🔲) → 드래그 후 크기 및 위치 조절([A1:P36])
→ 채우기(질감 - 캔버스) → 윤곽선(윤곽선 없음) → [맨 뒤로
보내기]

작업 3 그림 넣기(그림의 배경 투명한 색 설정)

❶ 그림 삽입(🖼️) → [불러올 파일]-[캔버스아트]-상 → 〈삽입〉

❷ [서식]-[조정]-색(🖼️) → 투명한 색 설정(✏️)

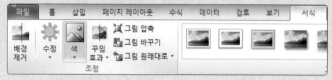

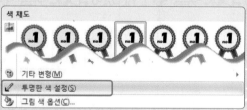

❸ 마우스 커서가 ✏️ 모양으로 변경되면 그림의 흰 배경을 클릭 →
크기 및 위치 조절

chapter 12-1 겨울 왕국 요리 대회

◉ 열을 삽입한 후 채우기 핸들 및 테두리를 적용하여 표를 완성해 봅시다.

완성된 작품 미리보기

불러올 파일 : 요리대회.xlsx   완성된 파일 : 요리대회(완성).xlsx

순위	대회 참가자	대회 날짜	요리 이름	요리 완성도	점수
			겨울 왕국 요리 대회		
1위	올라프	02월 04일	스파게티	상(上)	95점
2위	엘사	03월 08일	비빔밥	상(上)	90점
3위	한스	01월 29일	물냉면	중(中)	85점
4위	크리스토프	02월 17일	샌드위치	중(中)	80점
5위	안나	04월 05일	떡볶이	하(下)	65점

작업 1 작업 2 작업 3

[주요 기능]

1. **열 너비 조절** : 열의 머리글 위에서 마우스 오른쪽 버튼 클릭-[열 너비]

2. **가로-가운데 맞춤** : [홈]-[맞춤]- 가운데 맞춤(≡)

3. **테두리** : [홈]-[글꼴]-테두리(⊞▾)의 목록 단추(▾)

4. **채우기 색** : [홈]-[글꼴]-채우기 색(🖌▾)의 목록 단추(▾)

5. **굵게** : [홈]-[글꼴]-굵게(가)

[기본 작업]

엑셀 2010을 실행 → [파일]-[열기] → [불러올 파일]-'요리대회' → 〈열기〉

작업 1 열 삽입 및 채우기 핸들

❶ B열 머리글 위에서 마우스 오른쪽 버튼 클릭 → [삽입]

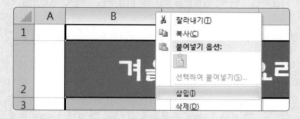

❷ 열 너비 조절 : B열(8)

❸ [B4] 셀을 클릭 → '순위'를 입력 → [B5] 셀을 클릭 → '1위'를 입력

❹ [B5] 셀의 채우기 핸들(┿)을 [B9] 셀까지 드래그

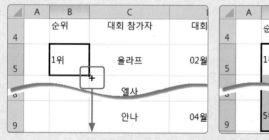

❺ [B4:B9]를 드래그 하여 범위 지정 → 가로 - 가운데 맞춤(≡)

작업 2 셀 서식 변경

❶ [B4:G9]를 드래그 하여 범위 지정 → 테두리 - 모든 테두리(⊞) → 테두리 - 굵은 상자 테두리(▣)

❷ [B4:G4]를 드래그 하여 범위 지정 → 테두리 - 굵은 상자 테두리(▣) → 채우기 색(파랑, 강조 1, 80% 더 밝게 ☐) → 굵게(가)

작업 3 내용 입력(한자 변환)

❶ [F5] 셀을 클릭 → '상'을 입력 → 내용을 드래그 하여 블록으로 지정 → 한자 → '上'을 선택 → 입력 형태 - 한글(漢字) → 〈변환〉

※ 똑같은 방법으로 [F6] 셀에 '상(上)'을 입력합니다.

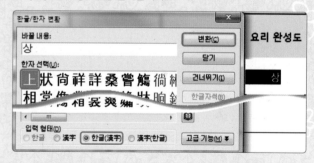

❷ [F7] 셀을 클릭 → '중'을 입력 → 내용을 드래그 하여 블록으로 지정 → 한자 → '中'을 선택 → 〈변환〉

※ 똑같은 방법으로 [F8] 셀에 '중(中)'을 입력합니다.

❸ [F9] 셀을 클릭 → '하'를 입력 → 내용을 드래그 하여 블록으로 지정 → 한자 → '下'을 선택 → 〈변환〉

Chapter 12-2 봄과 여름에 피는 꽃

◉ 행을 삽입한 후 셀 서식을 적용하여 표를 완성해 봅시다.

완성된 작품 미리보기

불러올 파일 : 개화시기.xlsx, 꽃1~2.png   완성된 파일 : 개화시기(완성).xlsx

꽃 이름	개화 시기	꽃 말
개나리	3월	희망
튤립	4월	고백
장미	5월	사랑
수국	6월	진심
무궁화	7월	아름다움
샤프란	8월	즐거움

작업 1
작업 2
작업 3
작업 4

[주요 기능]

1. **행 높이 조절** : 행의 머리글 위에서 마우스 오른쪽 버튼 클릭 – [행 높이]
2. **도형 삽입** : [삽입] – [일러스트레이션] – 도형(📑)
3. **크기 조절** : 도형 및 그림을 클릭했을 때 표시되는 조절점(○)을 드래그
4. **도형 스타일** : [서식] – [도형 스타일]의 자세히 단추(▾)
5. **글꼴** : [홈] – [글꼴] – 맑은 고딕 ▾ 의 목록 단추(▾)
6. **글꼴 크기** : [홈] – [글꼴] – 11 ▾ 의 목록 단추(▾)
7. **가운데 맞춤** : [홈] – [맞춤] – 가운데 맞춤(틀 , ≡)
8. **굵게** : [홈] – [글꼴] – 굵게(가)
9. **기울임꼴** : [홈] – [글꼴] – 기울임꼴(가)
10. **채우기 색** : [홈] – [글꼴] – 채우기 색(▾)의 목록 단추(▾)
11. **그림 삽입** : [삽입] – [일러스트레이션] – 그림(🖼)

[기본 작업]
엑셀 2010을 실행 → [파일]-[열기] → [불러올 파일]-[꽃이피는시기]-
'개화시기' → 〈열기〉

작업 1 행 삽입 및 도형으로 제목 만들기

❶ 2행 머리글 위에서 마우스 오른쪽 버튼 클릭 → [삽입]

	A	B	C	D	E
1					
2					
3	✂ 잘라내기(T) 🗐 복사(C) 📋 붙여넣기 옵션: 🗒 📋 선택하여 붙여넣기(S)... 삽입(I) 삭제(D) 내용 지우기(N)			꽃 이 름	개화 시기
4				개 나 리	
5				튤 립	

❷ 행 높이 조절 : 2행 → 행 높이(80)

❸ 기본 도형 - 빗면(▢) → 드래그 후 크기 및 위치 조절([D2:F2])
→ 도형 스타일(색 윤곽선 - 황록색, 강조 3 ▨)

※ 도형의 크기를 조절하거나 위치를 변경할 때 Alt 키를 누른 채 드래그 하면
셀에 맞춰 조절하기 편리합니다.

❹ '봄과 여름에 피는 꽃'을 입력한 후 도형의 테두리를 클릭 → 글
꼴(휴먼모음T) → 글꼴 크기(36pt) → 가로-가운데 맞춤(▤) →
세로-가운데 맞춤(▤)

작업 2 표 서식 지정

❶ [D4:F10]을 드래그 하여 범위 지정 → 글꼴(휴먼모음T) → 글꼴
크기(18pt)

❷ [D4:F4]를 드래그 하여 범위 지정 → 굵게(가) → 기울임꼴(가)
→ 채우기 색(황록색, 강조 3, 60% 더 밝게 ▢)

작업 3 채우기 핸들

❶ [E5] 셀을 클릭 → '3월'을 입력

❷ [E5] 셀의 채우기 핸들(⊣)을 [E10] 셀까지 드래그

작업 4 그림 넣기

❶ 그림 삽입(🖼) → [불러올 파일]-[꽃이피는시기]-꽃1 → 〈삽입〉
→ 크기 및 위치 조절

❷ 똑같은 방법으로 '꽃2'를 삽입 → 크기 및 위치 조절

Chapter 13-1 풍경 사진 앨범-1

◎ 시트 탭을 추가하고, 이름과 색상을 변경해 봅시다.

완성된 작품 미리보기

불러올 파일 : 사진앨범-1.xlsx   완성된 파일 : 사진앨범-1(완성).xlsx

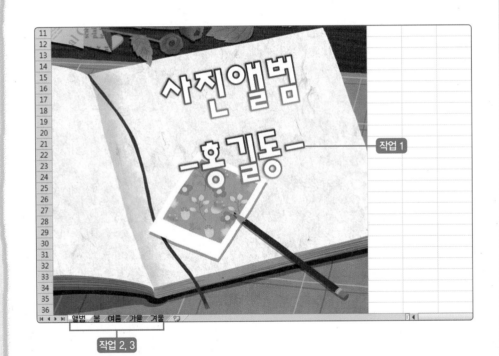

[주요 기능]

1. **시트 탭 추가** : 워크시트 하단의 [워크시트 삽입(▣)] 탭을 클릭

2. **시트 탭 이름 바꾸기** : 시트 탭 위에서 마우스 오른쪽 버튼을 클릭-[이름 바꾸기]

3. **시트 탭 색상 변경** : 시트 탭 위에서 마우스 오른쪽 버튼을 클릭-[탭 색]

[기본 작업]

엑셀 2010을 실행 → [파일]-[열기] → [불러올 파일]-[앨범]-'사진 앨범-1' → 〈열기〉

작업 1 워드아트 내용 수정

❶ [Sheet1] 탭의 '○○○'을 드래그 하여 블록으로 지정 → 본인의 이름을 입력

작업 2 시트 탭 추가 및 이름 변경

❶ 워크시트 하단의 [워크시트 삽입] 탭을 클릭(2번 반복)

❷ [Sheet1] 탭 위에서 마우스 오른쪽 버튼 클릭 → [이름 바꾸기] → '앨범'을 입력한 후 Enter

※ [Sheet1] 탭을 더블 클릭하여 이름을 바꾸는 방법도 있습니다.

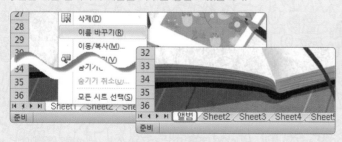

❸ 똑같은 방법으로 나머지 시트 탭의 이름을 변경 ([Sheet2]-'봄', [Sheet3]-'여름', [Sheet4]-'가을', [Sheet5]-'겨울')

※ 컴퓨터 작업 환경에 따라 시트 탭 이름의 숫자가 다르게 나올 수도 있습니다.

작업 3 시트 탭의 색상 변경

❶ [앨범] 탭 위에서 마우스 오른쪽 버튼 클릭 → [탭 색]-'빨강, 강조 2(■)'

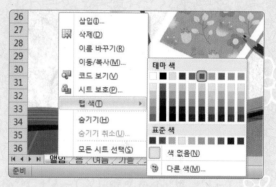

❷ 똑같은 방법으로 나머지 시트 탭의 색상을 변경 ([봄]-주황 ■, [여름]-바다색, 강조 5 ■, [가을]-주황, 강조 6 ■, [겨울]-황록색, 강조 3 ■)

풍경 사진 앨범-2

◎ 각 시트에 그림을 삽입한 후 스타일을 지정해 봅시다.

완성된 작품 미리보기

불러올 파일 : 사진앨범-2.xlsx, 봄1~3.jpg, 여름1~3.jpg, 가을1~3.jpg, 겨울1~3.jpg
완성된 파일 : 사진앨범-2(완성).xlsx

▲ [봄] 시트 탭

▲ [여름] 시트 탭

▲ [가을] 시트 탭

▲ [겨울] 시트 탭

[주요 기능]

1. **그림 삽입** : [삽입]-[일러스트레션]-
   그림(🖼️)

2. **크기 조절** : 도형 및 그림을 클릭했을
   때 표시되는 조절점(⭕)을 드래그

3. **그림 테두리** : [서식]-[그림 스타일]-
   그림 테두리(✎)

[기본 작업]

엑셀 2010을 실행 → [파일]−[열기] → [불러올 파일]−[앨범]−'사진 앨범−2' → 〈열기〉

작업 1 봄 그림 넣기

❶ [봄] 시트 탭을 클릭 → [A1] 셀을 클릭 → 그림 삽입() → [불러올 파일]−[앨범]−봄1 → 〈삽입〉 → 크기 및 위치 조절

※ 특정 셀을 클릭한 상태에서 그림을 삽입하면 선택한 셀 기준으로 그림이 삽입 됩니다.

❷ [서식]−[그림 스타일]의 자세히 단추(▼) → 단순형 프레임, 흰색

❸ [A1] 셀을 클릭 → 그림 삽입() → [불러올 파일]−[앨범]−봄2 〈삽입〉 → 크기 및 위치 조절

❹ [서식]−[그림 스타일]의 자세히 단추(▼) → 둥근 대각선 모서리, 흰색 → 그림 테두리(자주, 강조 4, 60% 더 밝게 ▨)

❺ 똑같은 방법으로 '봄3'을 삽입 → 크기 및 위치 조절 → 그림 스타 일(단순형 프레임, 흰색) → 회전점(●)을 드래그 하여 도형 회전

작업 2 여름~겨울 그림 넣기

❶ [여름] 시트 탭을 클릭 → 그림(여름1~3) 삽입 → 크기 및 위치 조절 → 다양하게 그림 스타일을 지정

❷ 똑같은 방법으로 [가을], [겨울] 시트 탭에 그림을 삽입하여 스타일 지정

Chapter 14-1 동물 특징 알아보기-1

◉ 잘라내기와 메모 삽입 기능을 이용하여 동물의 특징을 알아봅시다.

완성된 작품 미리보기

불러올 파일 : 동물특징알아보기-1.xlsx   완성된 파일 : 동물특징알아보기-1(완성).xlsx

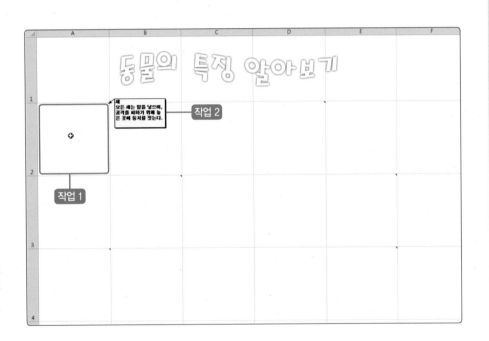

[주요 기능]

1. 잘라내기 : Ctrl + X
2. 붙여넣기 : Ctrl + V

[기본 작업]
엑셀 2010을 실행 → [파일]-[열기] → [불러올 파일]-[동물특징]-'동물
특징알아보기-1' → 〈열기〉

작업 텍스트 잘라내기

❶ [A2] 셀을 클릭 → F2 → 내용을 전체 드래그 하여 블록으로 지정
→ 지정된 블록 위에서 마우스 오른쪽 버튼 클릭 → [잘라내기]
→ Enter 키를 눌러 다음 셀로 이동

※ 내용이 입력된 셀을 선택한 상태에서 F2 키를 눌러 마우스 커서가 I 모양으로
변경되면 블록을 지정하여 [잘라내기]를 작업합니다.

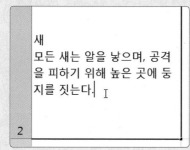
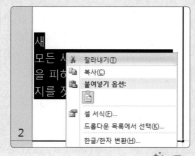

---

tip

잘라내기(✄)

'잘라내기' 기능을 이용하면 삭제가 아닌 임시 저장 공간에 잠시 복사가 되며,
'붙여넣기' 기능과 함께 사용 합니다.

(바로 가기 키 : Ctrl + X)

작업 ② 메모 삽입

❶ [A2] 셀 위에서 마우스 오른쪽 버튼 클릭 → [메모 삽입] → 메모
안의 내용 전체를 드래그 → 마우스 오른쪽 버튼 클릭 → [붙여
넣기(📋)]

※ 메모를 삽입했을 때 나오는 내용('eood')은 컴퓨터 환경에 따라 다르게 나올 수
있습니다.

※ 붙여넣기 바로 가기 키 : Ctrl + V

❷ 똑같은 방법으로 나머지 셀([D2], [E3])에 메모를 삽입

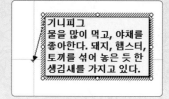

---

tip

메모 삽입

메모가 삽입된 셀의 오른쪽 상단에는 빨간 점( )이 표시됩니다.

Chapter 14-2 동물 특징 알아보기-2

◎ 시트에 배경 이미지를 삽입하고, 그림을 넣어 작품을 완성해 봅시다.

완성된 작품 미리보기

불러올 파일 : 동물특징알아보기-2.xlsx, 배경.jpg, 동물1~6.png
완성된 파일 : 동물특징알아보기-2(완성).xlsx

[주요 기능]

1. **그림 삽입** : [삽입]-[일러스트레이션]-
   그림(🖼)

2. **크기 조절** : 도형 및 그림을 클릭했을
   때 표시되는 조절점(⬭)을 드래그

3. **좌우 대칭** : [서식]-[정렬]-회전(🔄)
   -좌우 대칭(🔼)

[기본 작업]

엑셀 2010을 실행 → [파일]-[열기] → [불러올 파일]-[동물특징]-'동물
특징알아보기-2' → 〈열기〉

작업 ❶ 배경 넣기

❶ [페이지 레이아웃]-[페이지 설정]-배경() → [불러올 파일]-
[동물특징]-배경 → 〈삽입〉

배경 삽입

배경 삽입 기능은 현재 시트에 배경 이미지를 삽입하는 기능입니다. 시트
에는 배경 그림이 나타나지만 문서를 출력(인쇄)했을 때는 배경이 보이지
않습니다.

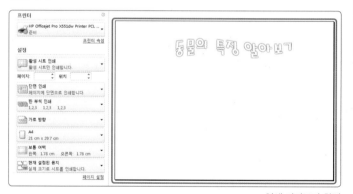

▲ 인쇄 미리보기 화면

작업 ❷ 메모 표시(고정)

❶ [B3] 셀 위에서 마우스 오른쪽 버튼 클릭 → [메모 표시/숨기기]

❷ [E3] 셀 위에서 마우스 오른쪽 버튼 클릭 → [메모 표시/숨기기]

메모 표시/숨기기

메모는 숨기기가 기본값으로 지정되어 있으며 빨간 점이 있는 셀 위에
마우스 커서를 올리면 메모가 표시됩니다. 메모를 셀 위에 표시(고정)하기
위해서는 메모가 삽입된 셀 위에서 마우스 오른쪽 버튼을 눌러 [메모 표시/
숨기기]를 클릭합니다. 메모를 다시 숨기기 위해서는 마우스 오른쪽 버튼을
눌러 [메모 숨기기]를 선택합니다.

작업 ❸ 그림 넣기

❶ 그림 삽입() → [불러올 파일]-[동물특징]-동물1 → 〈삽입〉
→ 크기 및 위치 조절([A2] 셀)

❷ 그림 삽입(🖼) → [불러올 파일]-[동물특징]-동물2 → 〈삽입〉
→ 크기 및 위치 조절([B3] 셀) → 좌우 대칭(◨)

❸ 똑같은 방법으로 '동물3~6'을 삽입 → 크기 및 위치 조절

재미있는 퀴즈 맞추기-1

◉ 시트 전체의 글꼴을 변경한 후 퀴즈의 정답을 입력해 봅시다.

완성된 작품 미리보기

불러올 파일 : 재미있는퀴즈 – 1.xlsx   완성된 파일 : 재미있는퀴즈 – 1(완성).xlsx

작업 1, 2	1. 동물 중 가장 장사를 잘 하는 동물은 누구일까요? 정답 : 판다	작업 3

2. 달리기 시합 결승선 앞에서 2등을 앞질렀다면 몇 등일까요?
정답 : 2등

3. 어릴 때 울지 못하고, 어른이 되어야 우는 동물은 누구일까요?
정답 : 개구리

4. 땅은 어떻게 울까요?
정답 : 흙흙흙

5. 키가 아래로 자라는 것은 무엇일까요?
정답 : 고드름

6. 차마 눈 뜨고 볼 수 없는 상황은 어떤 상황일까요?
정답 : 꿈 속 상황

7. 돈 낭비를 가장 많이 하는 동물은 누구일까요?
정답 : 사자

[주요 기능]

1. **글꼴** : [홈]-[글꼴]- 맑은 고딕 ▾ 의 목록 단추(▾)

2. **글꼴 크기** : [홈]-[글꼴]- 11 ▾ 의 목록 단추(▾)

3. **채우기 색** : [홈]-[글꼴]- 채우기 색 ()의 목록 단추(▾)

[기본 작업]

엑셀 2010을 실행 → [파일]-[열기] → [불러올 파일]-[퀴즈]-'재미있는
퀴즈-1' → 〈열기〉

작업 1 글꼴 서식 변경

① Ctrl + A → 글꼴(휴먼모음T) → 글꼴 크기(14pt) → [홈] - [맞춤]
   - 들여쓰기(⬚)

   ※ Ctrl + A 키를 누르면 시트의 모든 셀을 한 번에 선택할 수 있습니다.

작업 2 글자 입력

① [C5] 셀을 클릭 → 수식 입력줄(정답 :)의 뒤쪽을 클릭 → '판다'를
   입력 → Enter

	C5	▼	◉	ƒx	정답 :
	A	B	C	D	
4			1. 동물 중 가장 장사를	
5			정답 :	
6				
7			2. 달리기 시합 결승선	

	C5	▼	× ✓ ƒx	정답 :판다	
	A	B	C	D	
4			1. 동물 중 가장 장사를	
5			: 판다	
6				
7			2. 달리기 시합 결승선	

② [C8] 셀을 클릭 → 수식 입력줄(정답 :)의 뒤쪽을 클릭 → '2등'을
   입력 → Enter

③ [C11] 셀을 클릭 → 수식 입력줄(정답 :)의 뒤쪽을 클릭 → '개구
   리'를 입력 → Enter

④ 똑같은 방법으로 4~7번 문제 아래쪽에 정답을 입력('흙흙흙',
   '고드름', '꿈 속 상황', '사자')

4. 땅은 어떻게 울까요?
정답 : 흙흙흙
5. 키가 아래로 자라는 것은 무엇일까요?
정답 : 고드름
6. 차마 눈 뜨고 볼 수 없는 상황은 어떤 상황일까요?
정답 : 꿈 속 상황
7. 돈 낭비를 가장 많이 하는 동물은 누구일까요?
정답 : 사자

작업 3 셀에 색 채우기

① [C4:I23]을 드래그 하여 범위 지정 → 채우기 색(자주, 강조 4,
   80% 더 밝게 ⬚)

Chapter 15-2 재미있는 퀴즈 맞추기-2

◎ 특수문자를 입력하여 제목을 만든 후 행 숨기기 기능을 이용하여 퀴즈를 완성해 봅시다.

완성된 작품 미리보기

불러올 파일 : 재미있는퀴즈-2.xlsx, 어린이.png   완성된 파일 : 재미있는퀴즈-2(완성).xlsx

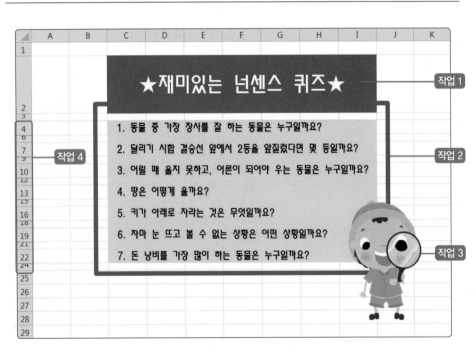

[주요 기능]

1. **병합하고 가운데 맞춤** : [홈]-[맞춤]- 병합하고 가운데 맞춤

2. **글꼴 크기** : [홈]-[글꼴]- 11 의 목록 단추(▾)

3. **채우기 색** : [홈]-[글꼴]-채우기 색 (🎨▾)의 목록 단추(▾)

4. **글꼴 색** : [홈]-[글꼴]-글꼴 색(가▾) 의 목록 단추(▾)

5. **도형 삽입** : [삽입]-[일러스트레이션]- 도형(📷)

6. **크기 조절** : 도형 및 그림을 클릭했을 때 표시되는 조절점(◯)을 드래그

7. **도형 윤곽선** : [서식]-[도형 스타일]- 도형 윤곽선

   도형 윤곽선 하위 메뉴 : ☰ 두께(W)

8. **그림 삽입** : [삽입]-[일러스트레이션]- 그림(🖼)

[기본 작업]

엑셀 2010을 실행 → [파일]-[열기] → [불러올 파일]-[퀴즈]-'재미있는 퀴즈-2' → 〈열기〉

작업 1 제목 만들기

❶ [C2:I2]를 드래그 하여 범위 지정 → 병합하고 가운데 맞춤 → 'ㅁ'을 입력한 후 〈한자〉 → '★' → '재미있는 넌센스 퀴즈'를 입력 → '즈' 뒤를 클릭 → 'ㅁ'을 입력한 후 〈한자〉 → '★' → Enter

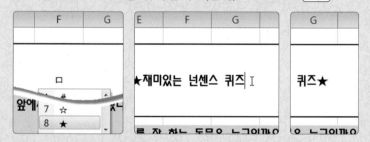

❷ [C2:I2]를 클릭 → 글꼴 크기(28pt) → 채우기 색(자주, 강조 4 ■) → 글꼴 색(흰색, 배경 1 □)

작업 2 테두리 도형 넣기

❶ 사각형 - 직사각형(□) → 드래그 후 크기 및 위치 조절 → 채우기(채우기 없음) → 윤곽선(자주, 강조 4 ■) → 윤곽선 두께(6pt)

※ 도형의 윤곽선이 제목과 겹치지 않도록 크기 및 위치를 조절합니다.

작업 3 그림 넣기

❶ [A1] 셀을 클릭 → 그림 삽입(🖼) → [불러올 파일]-[퀴즈]-어린이 → 〈삽입〉 → 크기 및 위치 조절

작업 4 행 숨기기

❶ 5행 머리글 위에서 마우스 오른쪽 버튼 클릭 → [숨기기]

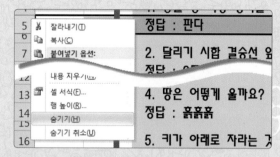

❷ 똑같은 방법으로 나머지 행(8행, 11행, 14행, 17행, 20행, 23행)을 숨기기

※ Ctrl 키를 누른 채 정답이 있는 행 머리글을 모두 선택한 후 작업하면 편리합니다.

> **tip**
>
> **정답 확인**
>
> 숨기기한 행을 다시 보기 위해서는 4행~25행 머리글을 드래그 하여 선택한 후 머리글 위에서 마우스 오른쪽 버튼을 눌러 [숨기기 취소]를 클릭합니다.

패셔니스타 쿠키맨

◎ 틀 고정 기능을 이용하여 쿠키맨의 패션을 선택해 봅시다.

완성된 작품 미리보기

불러올 파일 : 쿠키맨패션.xlsx, 옷1~8.png   완성된 파일 : 쿠키맨패션(완성).xlsx

작업 2

작업 1

[주요 기능]

1. 그림 삽입 : [삽입]-[일러스트레이션]-
   그림( )

2. 틀 고정 : [보기]-[창]-틀 고정( )

[기본 작업]

엑셀 2010을 실행 → [파일]-[열기] → [불러올 파일]-[쿠키맨]-'쿠키맨 패션' → 〈열기〉

작업 그림 넣기

❶ `Page Down` 키를 눌러 [A2] 셀을 클릭 → 그림 삽입(🖼) → [불러올 파일]-[쿠키맨]-옷1 → 〈삽입〉

  ※ 이번 차시는 그림의 크기 및 위치를 조절하지 않습니다.

❷ `Page Down` 키를 눌러 [A3] 셀을 클릭 → 그림 삽입(🖼) → [불러올 파일]-[쿠키맨]-옷2 → 〈삽입〉

❸ `Page Down` 키를 눌러 [A4] 셀을 클릭 → 그림 삽입(🖼) → [불러올 파일]-[쿠키맨]-옷3 → 〈삽입〉

❹ 똑같은 방법으로 [A5]~[A9] 셀에 '옷4~8'을 삽입

> **tip**
> **셀 안에 그림 넣기**
> 특정 셀을 클릭한 상태에서 그림을 삽입하면 선택한 셀 기준으로 그림이 삽입됩니다.

작업 2 틀 고정

❶ 그림이 없는 빈 셀 클릭 → `Ctrl` + `Home` 키를 눌러 [A1] 셀로 이동

❷ [보기]-[창]-틀 고정(🔲) → 첫 행 고정

  ※ 1행을 클릭한 후 '첫 행 고정' 기능을 이용하면 '1행'을 움직이지 않도록 고정시킬 수 있습니다.

> **틀 고정(F)**
> 현재 선택 영역을 기준으로 워크시트의 나머지 부분을 스크롤하는 동안 행과 열이 표시되도록 합니다.
>
> **첫 행 고정(R)**
> 워크시트의 나머지 부분을 스크롤할 때 첫 행이 표시되도록 합니다.
>
> **첫 열 고정(C)**
> 워크시트의 나머지 부분을 스크롤할 때 첫 열이 표시되도록 합니다.

> **tip**
> **쿠키맨 옷 바꾸기 실행**
> 특정 셀을 클릭한 후 `Page Down`, `Page Up` 키를 눌러 틀 고정이 되었는지 확인한 후 쿠키맨의 옷을 바꿔보세요.
>
>

chapter 16-2 저녁 메뉴 사다리 타기

◎ 틀 고정 기능을 이용하여 사다리 게임을 만들어 봅시다.

완성된 작품 미리보기

불러올 파일 : 사다리.xlsx   완성된 파일 : 사다리(완성).xlsx

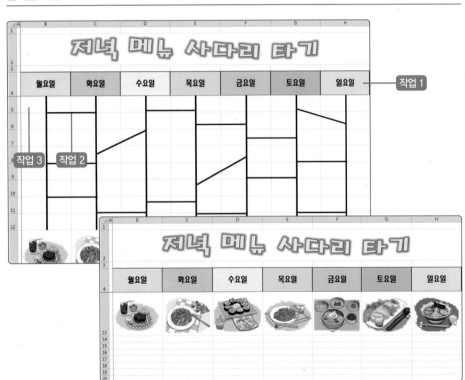

작업 1
작업 3 작업 2

[주요 기능]

1. **채우기 색** : [홈]–[글꼴]–채우기 색
(🎨▼)의 목록 단추(▼)

2. **테두리** : [홈]–[글꼴]–테두리(▦▼)의
목록 단추(▼)

3. **도형 삽입** : [삽입]–[일러스트레션]–
도형(📷)

4. **도형 윤곽선** : [서식]–[도형 스타일]–
도형 윤곽선

   도형 윤곽선 하위 메뉴 : ☰ 두께(W)

[기본 작업]

엑셀 2010을 실행 → [파일]-[열기] → [불러올 파일]-'사다리' → ⟨열기⟩

 작업 1 셀에 색 채우기

❶ [B4] 셀을 클릭 → 채우기 색 – 다른 색() → [표준] – 파란색 계열의 색상을 클릭 → ⟨확인⟩

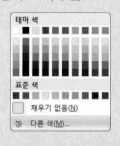

❷ 똑같은 방법으로 [C4]~[H4] 셀에 채우기 색 지정

※ 다른 색()의 [표준]과 [사용자 지정]에 있는 다양한 색상을 지정해 봅니다.

❸ [B4:H4]를 드래그 하여 범위 지정 → 테두리 – 모든 테두리(田)

작업 2 도형으로 사다리 만들기

❶ 선 – 선(＼) → Shift 키를 누른 채 드래그 → 윤곽선(검정, 텍스트 1 ■) → 윤곽선 두께(3pt)

※ Shift 키를 누른 채 드래그 하면 반듯하게 선을 그릴 수 있습니다.

❷ Ctrl 키를 누른 채 선을 자유롭게 복사

※ 복사된 도형의 조절점(○)을 드래그 하면 대각선을 그릴 수 있습니다.

작업 3 틀 고정

❶ [B5] 셀을 클릭 → [보기] – [창] – 틀 고정(▦) → 틀 고정

※ 숨겨야 하는 사다리 선이 처음 시작하는 셀([B5])을 클릭한 후 틀을 고정시킵니다.

---

tip

사다리 타기 게임하기

① Page Down 키를 한 번 누르면 사다리 선이 숨겨집니다.

② Page Up 키를 한 번 누르면 사다리 선이 나타납니다.

강아지와 공놀이-1

◎ 셀에 색을 채워 강아지를 완성한 후 해를 만들어 봅시다.

완성된 작품 미리보기

불러올 파일 : 강아지놀이-1.xlsx   완성된 파일 : 강아지놀이-1(완성).xlsx

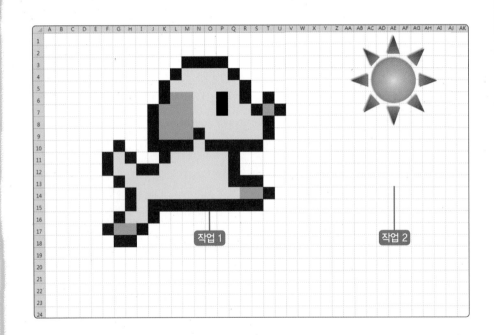

작업 1

작업 2

[주요 기능]

1. **채우기 색** : [홈]-[글꼴]-채우기 색
   (🎨▾)의 목록 단추(▾)

2. **도형 삽입** : [삽입]-[일러스트레이션]-
   도형(📷)

3. **크기 조절** : 도형 및 그림을 클릭했을
   때 표시되는 조절점(○)을 드래그

[기본 작업]

엑셀 2010을 실행 → [파일]-[열기] → [불러올 파일]-'강아지놀이-1' → 〈열기〉

작업 셀에 색 채우기

❶ [P6:P7]을 드래그 하여 범위 지정 → 채우기 색(검정, 텍스트 1 ■)

❷ [L6:M6]을 드래그 하여 범위 지정 → **Ctrl** 키를 누른 채 [K7:M9]를 드래그 하여 범위 지정 → 채우기 색(황갈색, 배경 2, 25% 더 어둡게 ■)

❸ 똑같은 방법으로 빈 셀(코, 발)에 채우기 색(황갈색, 배경 2, 25% 더 어둡게 ■)을 지정

※ 코([T7]), 앞발([R14:S14]), 뒷발([G17:H17])

---

tip

셀을 다중으로 선택하기

① **Ctrl** 키를 누른 채 원하는 셀을 각각 클릭하면 다중으로 선택이 가능합니다.

② **Shift** 키를 누른 채 원하는 셀을 각각 클릭하면 처음 선택한 셀부터 마지막에 선택한 셀 까지 전체 선택이 가능합니다.

	A	B
1		
2		
3		
4		

	A	B
1		
2		
3		
4		

▲ [A1] 클릭 → **Ctrl** + [B3] 클릭   ▲ [A1] 클릭 **Shift** + [B3] 클릭

작업 2 도형으로 해 그리기

❶ 기본 도형 - 해(☼) → 드래그 후 크기 및 위치 조절

※ **Shift** 키를 누른 채 드래그 하면 가로, 세로 비율이 일정한 도형을 그릴 수 있습니다.

❷ 도형 위에서 마우스 오른쪽 버튼 클릭 → [도형 서식] → [채우기]-그라데이션 채우기 → 기본 설정 색(불 ■) → 종류(경로형)

❸ [선 색]-선 없음

❹ [그림자]-미리 설정(바깥쪽-오프셋 아래쪽 □) → 〈닫기〉

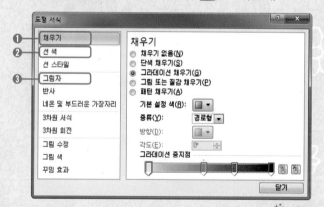

tip

도형 서식 대화상자

도형 서식 대화상자에서는 채우기, 선, 도형 효과 등 다양한 기능들을 한 번에 작업할 수 있습니다.

Chapter **17-2** **강아지와 공놀이-2**

◎ 도형을 이용하여 공과 바닥을 그려보고 눈금선을 해제해 봅시다.

완성된 **작품** 미리보기

불러올 파일 : 강아지놀이-2.xlsx   완성된 파일 : 강아지놀이-2(완성).xlsx

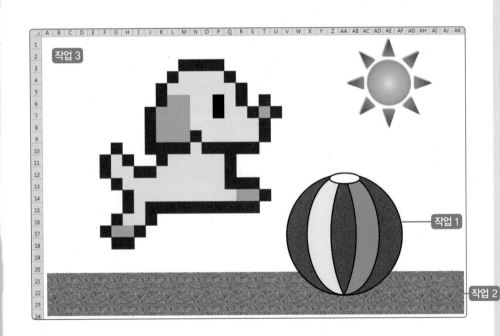

[주요 기능]

1. **도형 삽입** : [삽입]-[일러스트레이션]-
   도형(🔽)

2. **크기 조절** : 도형 및 그림을 클릭했을
   때 표시되는 조절점(◯)을 드래그

3. **도형 윤곽선** : [서식]-[도형 스타일]-
   도형 윤곽선

4. **도형 채우기** : [서식]-[도형 스타일]-
   도형 채우기

5. **도형 복사** : **Ctrl** + 드래그(자유 복사)
   / **Ctrl** + **Shift** + 드래그(직선 방향
   으로 복사)

6. **맨 뒤로 보내기** : 도형 위에서 마우스
   오른쪽 버튼을 클릭한 후 [맨 뒤로
   보내기]

[기본 작업]

엑셀 2010을 실행 → [파일]-[열기] → [불러올 파일]-'강아지놀이-2'
→ 〈열기〉

작업 ① 도형으로 공 그리기

❶ 기본 도형 - 타원() → 드래그 후 크기 및 위치 조절 → 윤곽선
(검정, 텍스트 1 ■) → 도형 위에서 마우스 오른쪽 버튼 클릭 →
[기본 도형으로 설정] → 채우기(빨강 ■)

※ '기본 도형으로 설정'은 현재 도형의 스타일을 기본 값으로 바꿔주는 기능으로
똑같은 스타일로 여러 가지 도형을 작업할 때 편리한 기능입니다.

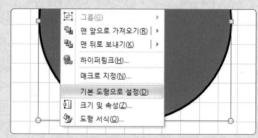

❷ 기본 도형 - 달(☾) → 드래그 후 크기 및 위치 조절 → 채우기
(노랑 □) → 조절점(◇)을 드래그 하여 두께 조절

❸ 달 모양 도형을 오른쪽으로 복사 → 회전점(◉)을 드래그 하여
도형 회전 → 채우기(연한 파랑 ■)

❹ 기본 도형 - 타원(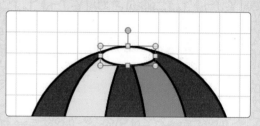) → 드래그 후 크기 및 위치 조절 → 채우기
(흰색, 배경 1 □)

작업 ② 도형으로 바닥 그리기

❶ 사각형 - 직사각형(▢) → 드래그 후 크기 및 위치 조절 → 채우기
- 질감 - 코르크(▨) → 윤곽선(윤곽선 없음) → [맨 뒤로 보내기]

작업 ③ 눈금선 해제

❶ [보기] - [표시] - 눈금선 해제

Chapter 18-1 만화 캐릭터 프로필-1

◉ 행과 열의 간격을 조절한 후 워드아트를 이용하여 제목을 입력해 봅시다.

완성된 작품 미리보기

불러올 파일 : 캐릭터프로필-1.xlsx, 티비.png   완성된 파일 : 캐릭터프로필-1(완성).xlsx

작업 2

작업 1

	A	B	C	D	E	F
1						
2						
3						
4	이름	성별	나이	잘 하는 것	좋아하는 것	
5	스폰지밥	남	17	해파리 사냥	게살버거 만들기	
6	엘사	여	21	얼리기	초콜릿	
7	노진구	남	12	실뜨기	도라에몽	
8	자두	여	10	편식	군것질	
9	지우	남	10	포켓몬 트레이닝	피카츄	
10	짱구	남	5	엉덩이 춤	액션가면	
11	코난	남	18	범인 찾기	축구	
12	유리	여	5	소꿉놀이	토끼 인형	
13						
14						

작업 3

[주요 기능]

1. **행 높이 조절** : 행의 머리글 위에서 마우스 오른쪽 버튼 클릭 – [행 높이]

2. **열 너비 조절** : 열의 머리글 위에서 마우스 오른쪽 버튼 클릭 – [열 너비]

3. **병합하고 가운데 맞춤** : [홈] – [맞춤] – 병합하고 가운데 맞춤

4. **WordArt** : [삽입] – [텍스트] – WordArt (➔)

5. **글꼴** : [홈] – [글꼴] – 맑은 고딕 ▾ 의 목록 단추(▾)

6. **텍스트 효과** : [서식] – [WordArt 스타일] – 텍스트 효과

7. **크기 조절** : 도형 및 그림을 클릭했을 때 표시되는 조절점(◯)을 드래그

8. **그림 삽입** : [삽입] – [일러스트레이션] – 그림(▣)

[기본 작업]

엑셀 2010을 실행 → [파일]-[열기] → [불러올 파일]-[프로필]-'캐릭터
프로필-1' → 〈열기〉

작업 행 높이 / 열 너비 조절

❶ 행 높이 조절 : 2행(65) → 4~12행(25)

❷ 열 너비 조절 : A열(3) → B열(18) → C~D열(12) → E~F열(20)

---

tip

행 높이 및 열 너비 조절하기

① 기본 행 조절 : 조절하려는 행의 숫자 위에서 마우스 오른쪽 버튼을 눌러
   [행 높이]를 선택

② (다중)연속적인 행 조절 : 조절하려는 행의 숫자를 드래그한 후 숫자 위
   에서 마우스 오른쪽 버튼을 눌러 [행 높이]를 선택

③ (다중)비연속적인 행 조절 : Ctrl 키를 누른 채 조절하려는 행의 숫자를
   각각 클릭한 후 숫자 위에서 마우스 오른쪽 버튼을 눌러 [행 높이]를 선택

④ 행의 숫자와 숫자 사이 위에서 마우스 커서가 ✚ 모양으로 변경되었을
   때 드래그 하여 변경

⑤ 열의 너비도 위와 똑같은 방법으로 조절

작업 2 제목 만들기

❶ [B2:F2]를 드래그 하여 범위 지정 → 병합하고 가운데 맞춤

❷ WordArt(그라데이션 채우기 - 파랑, 강조 1, 윤곽선 - 흰색, 네온
   - 강조 2 Ⓐ) → '만화캐릭터프로필' 입력

❸ 내용을 드래그 하여 블록으로 지정 → 글꼴(휴먼굵은샘체) →
   텍스트 효과(변환 - 이중 물결 1 abcde) → 크기 및 위치 변경

※ 워드아트 위치 변경은 테두리를 드래그 하여 이동시킵니다.

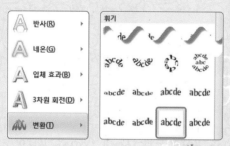

---

tip

워드아트의 '변환' 기능

워드아트의 텍스트 효과에서 '변환' 기능을 적용하면 텍스트가 아닌 도형
처럼 조절점(○)을 이용하여 크기를 조절할 수 있습니다.

작업 3 그림 넣기

❶ 그림 삽입(🖼) → [불러올 파일]-[프로필]-티비 → 〈삽입〉 →
   크기 및 위치 조절

Chapter 18-2 만화 캐릭터 프로필-2

◉ 자동 필터 기능을 이용하여 프로필에서 원하는 데이터만 추출해 봅시다.

완성된 작품 미리보기

불러올 파일 : 캐릭터프로필-2.xlsx   완성된 파일 : 캐릭터프로필-2(완성).xlsx

	A	B	C	D	E	F
1						
2			만화 캐릭터프로필			
3						
4		이름	성별	나이	잘 하는 것	좋아하는 것
5		노진구	남	12세	실뜨기	도라에몽
6		스폰지밥	남	17세	해파리 사냥	게살버거 만들기
10		지우	남	10세	포켓몬 트레이닝	피카츄
11		짱구	남	5세	엉덩이 춤	액션가면
12		코난	남	18세	범인 찾기	축구
13						
14						

작업 3

	이름	성별	나이	잘 하는 것	좋아하는 것
4					
5	노진구	남	12세	실뜨기	도라에몽
6	스폰지밥	남	17세	해파리 사냥	게살버거 만들기
7	엘사	여	21세	얼리기	초콜릿
8	유리	여	5세	소꿉놀이	토끼 인형
9	자두	여	10세	편식	군것질
10	지우	남	10세	포켓몬 트레이닝	피카츄
11	짱구	남	5세	엉덩이 춤	액션가면
12	코난	남	18세	범인 찾기	축구
13					
14					

작업 1

작업 2

[주요 기능]

1. **글꼴** : [홈]-[글꼴]- 맑은 고딕 ▼ 의 목록 단추(▼)

2. **글꼴 크기** : [홈]-[글꼴]- 11 ▼ 의 목록 단추(▼)

3. **가로 - 가운데 맞춤** : [홈]-[맞춤]- 가운데 맞춤(≡)

[기본 작업]

엑셀 2010을 실행 → [파일]-[열기] → [불러올 파일]-[프로필]-'캐릭터 프로필-2' → 〈열기〉

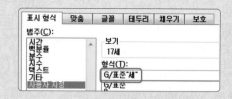

작업 표 서식 지정

❶ [B4:F12]를 드래그 하여 범위 지정 → [홈]-[스타일]-표 서식
(▦) → 밝게-표 스타일 밝게 13(▦) → 〈확인〉

❷ 글꼴(휴먼편지체) → 글꼴 크기(14pt) → 가로-가운데 맞춤(▤)

작업 ② 셀 서식 지정

❶ [D5:D12]를 드래그 하여 범위 지정 → 셀 범위 위에서 마우스
오른쪽 버튼 클릭 → [셀 서식] → [표시 형식]-[사용자 지정]
→ 형식 입력 칸에 G/표준"세"를 입력 → 〈확인〉

작업 ③ 텍스트 정렬 및 자동 필터

❶ [B5:B12]를 드래그 하여 범위 지정 → [데이터]-[정렬 및 필터]-
텍스트 오름차순 정렬(힣↓)

※ 텍스트를 오름차순으로 정렬하면 'ㄱ'→'ㅎ' 순으로 정렬이 됩니다.

❷ 성별 셀의 필터 목록 단추(▼)를 클릭 → '여'의 체크를 해제 →
〈확인〉

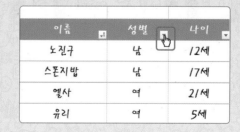

자동 필터 해제

성별 셀의 필터 목록 단추(▼)를 클릭한 후 ["성별"에서 필터 해제]를 선택
하면 해당 셀의 자동 필터가 해제됩니다.

조건부 픽셀아트-1

◉ 조건부 서식을 이용하여 셀 안에 채우기 및 글꼴 색을 지정해 봅시다.

완성된 작품 미리보기

불러올 파일 : 조건부채우기-1.xlsx   완성된 파일 : 조건부채우기-1(완성).xlsx

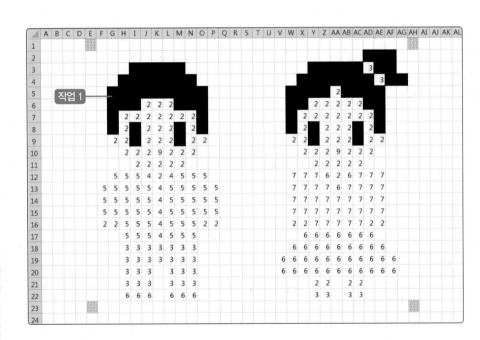

[주요 기능]

1. **조건부 서식** : [홈]-[스타일]-조건부
   서식()

[기본 작업]

엑셀 2010을 실행 → [파일]-[열기] → [불러올 파일]-'조건부채우기-1'
→ 〈열기〉

작업 ① 조건부 서식 지정

❶ [E1:AH23]을 드래그 하여 범위 지정

※ [E1:AH23] 범위는 네 개의 ▦ 점을 드래그 하여 수월하게 지정할 수 있습니다.

❷ [홈] - [스타일] - 조건부 서식(▦) - 새 규칙(▤) → 규칙 유형
선택 - '다음을 포함하는 셀만 서식 지정'

❸ 규칙 설명 편집 - '해당 범위(=)' → '셀 주소 입력 칸(1)' → 〈서식〉

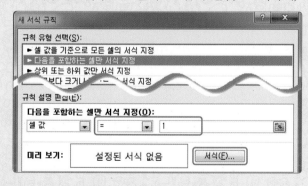

❹ [글꼴] - 색(검정, 텍스트 1 ■) → [채우기] - 배경색(검정, 텍스트
1 ■) → 〈확인〉 → 〈확인〉

※ [글꼴]의 색과 [채우기]의 배경색을 똑같이 지정합니다.

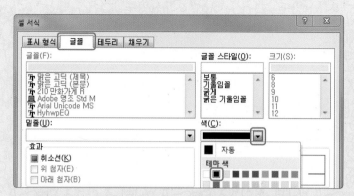

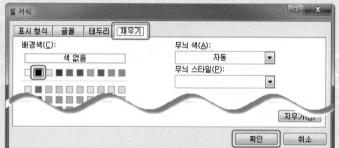

조건부 서식

지정된 조건에 해당하는 셀이나 셀 범위에 적용하는 서식으로 '표시 형식,
글꼴, 테두리, 채우기' 등을 변경할 수 있습니다. 조건에 맞는 셀 범위에는
서식이 지정되지만 그렇지 않은 셀 범위는 서식이 지정되지 않습니다.

Chapter 19-2 조건부 픽셀아트-2

◎ 수식을 사용하여 조건부 서식을 지정한 후 픽셀아트를 완성해 봅시다.

완성된 작품 미리보기

불러올 파일 : 조건부채우기-2.xlsx   완성된 파일 : 조건부채우기-2(완성).xlsx

작업 2

작업 1

[주요 기능]

1. **조건부 서식** : [홈]-[스타일]-조건부 서식()

[기본 작업]
엑셀 2010을 실행 → [파일]-[열기] → [불러올 파일]-'조건부채우기-2' → 〈열기〉

작업 조건부 서식 지정

❶ [E1:AH23]을 드래그 하여 범위 지정

❷ [홈]-[스타일]-조건부 서식(▦)-새 규칙(▦) → 규칙 유형 선택-'다음을 포함하는 셀만 서식 지정'

❸ 규칙 설명 편집-'해당 범위(=)' → '셀 주소 입력 칸(2)' → 〈서식〉

❹ [글꼴]-색(주황, 강조 6, 80% 더 밝게 ☐) → [채우기]-배경색 (주황, 강조 6, 80% 더 밝게 ☐) → 〈확인〉 → 〈확인〉

※ [채우기] 배경색은 [글꼴]의 색과 똑같은 색을 선택합니다.

❺ 1~4번과 똑같은 방법으로 조건부 서식을 적용

※ [글꼴]의 색과 [채우기]의 배경색을 똑같이 지정합니다.

- '3' : 자주, 강조 4(■)
- '4' : 바다색, 강조 5(■)
- '5' : 바다색, 강조 5, 60% 더 밝게(☐)
- '6' : 빨강, 강조 2(■)
- '7' : 빨강, 강조 2, 80% 더 밝게(☐)

작업 2 수식을 사용한 조건부 서식 지정

❶ [E1:AH23]을 드래그 하여 범위 지정

❷ [홈]-[스타일]-조건부 서식(▦)-새 규칙(▦) → 규칙 유형 선택-'수식을 사용하여 서식을 지정할 셀 결정'

❸ '다음 수식이 참인 값의 서식 지정' 입력 칸 클릭 → [E1:AH23]을 드래그 하여 범위 지정 → F4 키를 세 번 눌러 '$'(행/열 고정)표시 해제 → =8을 입력 → 〈서식〉

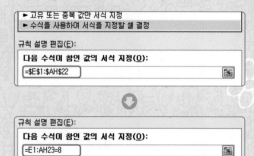

❹ [글꼴]-색(빨강 ■) → [채우기]-배경색(빨강 ■) → 〈확인〉 → 〈확인〉

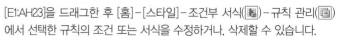

조건부 서식을 잘 못 지정했을 때

[E1:AH23]을 드래그한 후 [홈]-[스타일]-조건부 서식(▦)-규칙 관리(▦)에서 선택한 규칙의 조건 또는 서식을 수정하거나, 삭제할 수 있습니다.

Chapter 20-1 길동이의 지출 내역

◎ 자동 합계 기능으로 다양하게 지출 금액을 계산해 봅시다.

완성된 작품 미리보기

불러올 파일 : 길동이의용돈.xlsx 완성된 파일 : 길동이의용돈(완성).xlsx

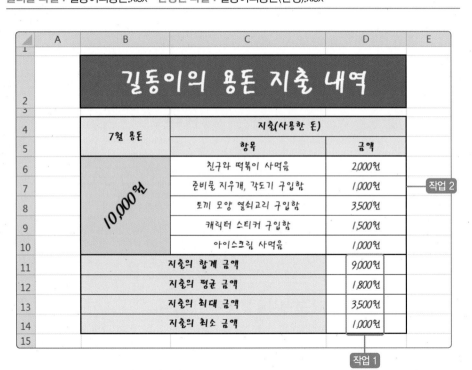

[주요 기능]

1. **자동 합계** : [수식]-[함수 라이브러리]
   - 자동 합계(Σ)

2. **글꼴** : [홈]-[글꼴]-맑은 고딕 ▾ 의 목록
   단추(▾)

3. **글꼴 크기** : [홈]-[글꼴]- 11 ▾ 의
   목록 단추(▾)

4. **채우기 색** : [홈]-[글꼴]-채우기 색
   (🖋▾)의 목록 단추(▾)

5. **굵게** : [홈]-[글꼴]-굵게(가)

[기본 작업]
엑셀 2010을 실행 → [파일]−[열기] → [불러올 파일]−'길동이의용돈'
→ 〈열기〉

작업 1 자동 합계 기능으로 계산하기

❶ [D6:D10]을 드래그 하여 범위 지정 → [수식]−[함수 라이브러리]
−자동 합계(Σ)

❷ [D6:D10]을 드래그 하여 범위 지정 → [수식]−[함수 라이브러리]
−자동 합계(Σ)의 목록 단추(자동합계▾) → [평균]

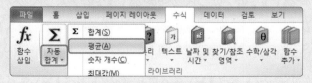

❸ [D6:D10]을 드래그 하여 범위 지정 → [수식]−[함수 라이브러리]
−자동 합계(Σ)의 목록 단추(자동합계▾) → [최대값]

※ 최대값은 가장 큰 수를 의미합니다.

❹ [D6:D10]을 드래그 하여 범위 지정 → [수식]−[함수 라이브러리]
−자동 합계(Σ)의 목록 단추(자동합계▾) → [최소값]

※ 최소값은 가장 작은 수를 의미합니다.

> ### 자동 합계 기능
> 자동 합계(Σ) 기능은 함수를 이용하여 간단한 방법으로 '합계, 평균, 숫자
> 개수, 최대값, 최소값'을 구할 수 있습니다.

작업 2 표 서식 지정

❶ [B4:D14]를 드래그 하여 범위 지정 → 글꼴(휴먼편지체) → 글꼴
크기(12pt)

❷ [B4:D5]를 드래그 하여 범위 지정 → **Ctrl** 키를 누른 채 [B11:
C14]를 드래그 하여 범위 지정 → 채우기 색(황록색, 강조 3,
80% 더 밝게 □) → 굵게(가)

❸ [B6:B10] 셀을 클릭 → 채우기 색(자주, 강조 4, 80% 밝게 □)
→ [홈]−[맞춤]−방향(✍▾) → 시계 반대 방향 각도(✍▾) → 글꼴
크기(18pt) → 굵게(가)

Chapter 20-2 우리반 친구들의 성적

◎ 자동 합계 기능으로 점수를 계산한 후 조건부 서식을 지정해 봅시다.

완성된 **작품** 미리보기

불러올 파일 : 우리반성적.xlsx   완성된 파일 : 우리반성적(완성).xlsx

		국어	영어	수학	총점
강영주		100점	85점	90점	275점
김경진		70점	60점	50점	180점
민혜정		70점	70점	70점	210점
박경신		85점	90점	80점	255점
백윤서		60점	70점	60점	190점
신남일		95점	90점	80점	265점
이명진		75점	75점	75점	225점
최정현		95점	95점	80점	270점

작업 3

작업 1, 2

[주요 기능]

1. **자동 합계** : [수식]-[함수 라이브러리] - 자동 합계(**Σ**)

2. **조건부 서식** : [홈]-[스타일]-조건부 서식(🔳)

3. **테두리** : [홈]-[글꼴]-테두리(⊞ ▾)의 목록 단추(▾)

4. **가로-가운데 맞춤** : [홈]-[맞춤]- 가운데 맞춤(≡)

5. **채우기 색** : [홈]-[글꼴]-채우기 색 (🎨 ▾)의 목록 단추(▾)

[기본 작업]
엑셀 2010을 실행 → [파일]-[열기] → [불러올 파일]-'우리반성적'
→ 〈열기〉

작업 1 총점(합계) 구하기

❶ [C5:E5]를 드래그 하여 범위 지정 → [수식]-[함수 라이브러리]-
자동 합계(Σ)

❷ [F5] 셀을 클릭 → [F5] 셀의 채우기 핸들(⊞)을 [F12] 셀까지
드래그

※ 자동 합계 기능으로 합계 함수(SUM)를 지정했기 때문에 채우기 핸들을 이용하면
나머지 셀에 총점이 자동으로 계산됩니다.

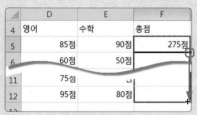

작업 2 조건부 서식 지정

❶ [F5:F12]를 드래그 하여 범위 지정
→ 조건부 서식(▦)-데이터 막대
-그라데이션 채우기(주황 데이터
막대)

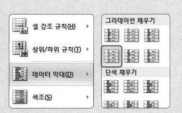

작업 3 표 서식 지정

❶ [B4:F12]를 드래그 하여 범위 지정 → 테두리-모든 테두리(⊞)
→ 가로-가운데 맞춤(▤)

❷ [B4:F4]를 드래그 하여 범위 지정 → Ctrl 키를 누른 채 [B5:B12]
를 드래그 하여 범위 지정 → 채우기 색(자주, 강조 4, 80% 더
밝게 ▢)

※ Ctrl 키를 누른 채 셀을 각각 드래그 하면 원하는 셀만 다중으로 선택할 수 있습
니다.

❸ [B4] 셀을 클릭 → 셀 위에서 마우스 오른쪽 버튼 클릭 → [셀
서식] → [테두리] → 테두리-대각선 테두리(◪) → 〈확인〉

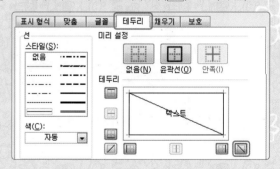

Chapter 21-1 슈퍼마리오 캐릭터 만들기-1

◎ 셀에 색을 채워 픽셀아트를 완성해 봅시다.

완성된 작품 미리보기

불러올 파일 : 버섯캐릭터-1.xlsx   완성된 파일 : 버섯캐릭터-1(완성).xlsx

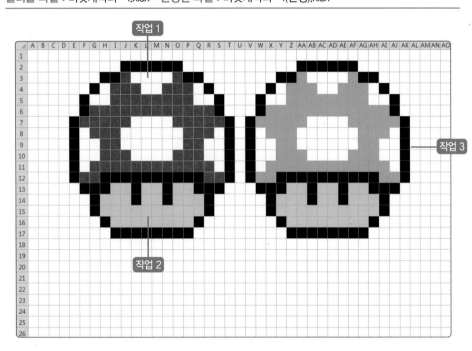

[주요 기능]

1. 채우기 색 : [홈]-[글꼴]-채우기 색
   ()의 목록 단추(▾)
2. 셀 복사 : Ctrl + C
3. 셀 붙여넣기 : Ctrl + V

[기본 작업]
엑셀 2010을 실행 → [파일]-[열기] → [불러올 파일]-[슈퍼마리오]-
'버섯캐릭터-1' → 〈열기〉

작업 1 셀에 색 채우기(머리)

❶ [K3:N3]을 드래그 하여 범위 지정 → Ctrl 키를 누른 채 [L4:M4]를 드래그 하여 범위 지정 → 채우기 색(흰색, 배경 1 ☐)

※ Ctrl 키를 누른 채 셀을 드래그 하면 원하는 셀만 다중 선택이 가능합니다.

❷ [K7:N10]을 드래그 하여 범위 지정 → Ctrl 키를 누른 채 [J8:J9], [O8:O9]를 드래그 하여 범위 지정 → 채우기 색(흰색, 배경 1 ☐)

❸ 똑같은 방법으로 다음 이미지를 참고하여 왼쪽 버섯 캐릭터 머리에 색을 채우기(흰색, 배경1 ☐)

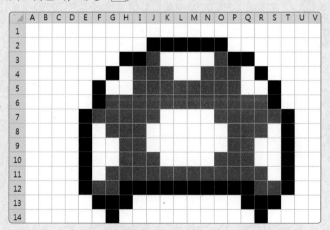

작업 2 셀에 색 채우기(얼굴, 눈)

❶ [I13:P16]을 드래그 하여 범위 지정 → Ctrl 키를 누른 채[H14:H15], [Q14:Q15]를 드래그 하여 범위 지정 → 채우기 색(주황, 강조 6, 60% 더 밝게 ☐)

❷ [K13:K14]를 드래그 하여 범위 지정 → Ctrl 키를 누른 채 [N13:N14]를 드래그 하여 범위 지정 → 채우기(검정, 텍스트 1 ■)

작업 3 셀 복사

❶ [E2:T17]을 드래그 하여 범위 지정 → Ctrl + C

※ 범위를 지정한 후 Ctrl + C 키를 누르면 선택한 셀이 깜박이면서 복사 상태로 변경됩니다.

❷ [V2] 셀을 클릭 → Ctrl + V → Esc 키를 눌러 모든 선택 해제

❸ 다음 이미지를 참고하여 복사된 오른쪽 버섯 캐릭터 머리에 색을 채우기(녹색 ☐)

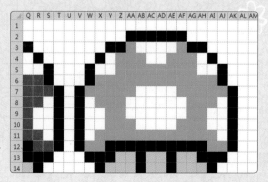

슈퍼마리오 캐릭터 만들기-2

◉ 도형을 넣어 슈퍼마리오 배경을 완성해 봅시다.

완성된 작품 미리보기

불러올 파일 : 버섯캐릭터-2.xlsx, 벽.jpg   완성된 파일 : 버섯캐릭터-2(완성).xlsx

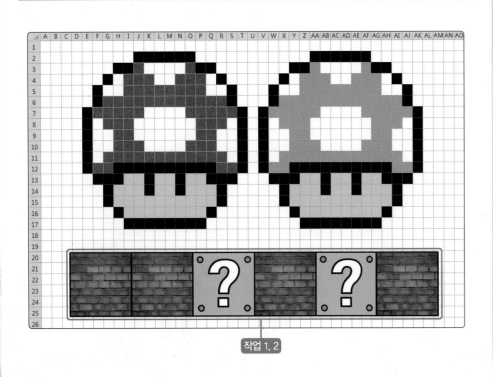

작업 1, 2

[주요 기능]

1. **도형 삽입** : [삽입]-[일러스트레이션]-도형()

2. **도형 채우기** : [서식]-[도형 스타일]-도형 채우기
   도형 채우기 하위 메뉴 : 🖼 그림(P)...

3. **도형 윤곽선** : [서식]-[도형 스타일]-도형 윤곽선

4. **도형 복사** : Ctrl + 드래그(자유 복사) / Ctrl + Shift + 드래그(직선 방향으로 복사)

5. **글꼴** : [홈]-[글꼴]- 맑은 고딕 의 목록 단추(▾)

6. **글꼴 크기** : [홈]-[글꼴]- 11 의 목록 단추(▾)

7. **가운데 맞춤** : [홈]-[맞춤]- 가운데 맞춤(≡, ≡)

8. **크기 조절** : 도형 및 그림을 클릭했을 때 표시되는 조절점(○)을 드래그

[기본 작업]

엑셀 2010을 실행 → [파일]-[열기] → [불러올 파일]-[슈퍼마리오]-'버 섯캐릭터-2' → 〈열기〉

작업 1 도형 넣기

❶ 사각형 - 직사각형(▭) → [서식]-[크기]-높이(⬚) 입력 칸 (4cm) → 너비(⬚) 입력 칸(4cm) → 위치 조절

※ 입력 칸에 '4'를 입력한 후 Enter 키를 누릅니다.

❷ 채우기 - 그림 → [불러올 파일]-[슈퍼마리오]-벽 → 〈삽입〉 → 윤곽선(검정, 텍스트 1 ■) → 오른쪽으로 복사(2개)

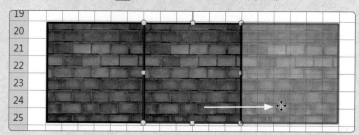

❸ 세 번째 도형 클릭 → 채우기(주황 ■) → '?'를 입력 → 도형의 테두리를 클릭 → 글꼴(휴먼둥근헤드라인) → 글꼴 크기(96pt) → 가로-가운데 맞춤(▤) → 세로 - 가운데 맞춤(▤)

❹ [서식]-[WordArt 스타일]-텍스트 윤곽선(검정, 텍스트 1 ■) → 텍스트 윤곽선 두께(3pt)

❺ 기본 도형 - 타원(◯) → 드래그 후 크기 및 위치 조절 → 채우기 (주황, 강조 6 ■) → 윤곽선(검정, 텍스트 1 ■) → 복사(3개) → 위치 조절

※ Shift 키를 누른 채 드래그 하면 가로, 세로 비율이 일정한 도형을 그릴 수 있습 니다.

작업 2 그룹 지정

❶ 세 번째 도형의 테두리를 클릭 → Shift 키를 누른 채 타원을 각 각 클릭 → 도형 테두리 위에서 마우스 오른쪽 버튼 클릭 → [그룹]-[그룹]

※ 작업이 복잡할 경우 여러 개의 도형을 그룹으로 지정하면 다음 작업을 좀 더 쉽 게 작업할 수 있습니다.

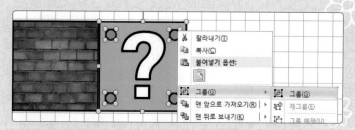

❷ 다음 그림을 참고하여 나머지 도형을 복사합니다.

직업 인기도 조사-1

◎ 셀에 데이터를 입력한 후 차트를 만들어 봅시다.

완성된 작품 미리보기

불러올 파일 : 직업차트-1.xlsx   완성된 파일 : 직업차트-1(완성).xlsx

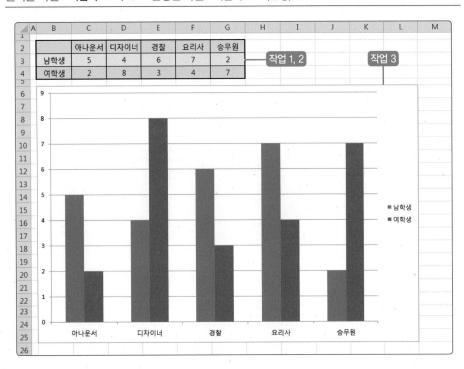

작업 1, 2

작업 3

[주요 기능]

1. **채우기 색** : [홈]-[글꼴]-채우기 색 ()의 목록 단추(▼)

2. **차트 크기 조절** : 조절점(▭), 대각선 조절점(▢)을 드래그

3. **차트 위치 변경** : 테두리(▭) 드래그

[기본 작업]

엑셀 2010을 실행 → [파일]-[열기] → [불러올 파일]-[직업]-'직업 차트-1' → 〈열기〉

작업 1 데이터 작성

❶ [B3] 셀을 클릭 → '남학생'을 입력 → 키보드 방향키 [↓] → '여학생'을 입력

※ Enter 키를 눌러도 아래쪽 셀로 이동할 수 있습니다.

❷ [C2] 셀을 클릭 → '아나운서'를 입력 → 키보드 방향키 [→] → '디자이너'를 입력

❸ 똑같은 방법으로 아래 그림과 같이 데이터 입력

※ 키보드의 방향키([↑], [↓], [←], [→])를 누르면 다른 셀로 쉽게 이동할 수 있습니다.

A	B	C	D	E	F	G
1						
2		아나운서	디자이너	경찰	요리사	승무원
3	남학생	5	4	6	7	2
4	여학생	2	8	3	4	7
5						

> **tip**
>
> **데이터 입력 범위 지정하기**
>
> 데이터를 입력하려는 셀([C2:G4])을 드래그 하여 범위로 지정합니다. 이어서, 데이터를 입력한 후 Enter 키를 누르면 해당 범위 안에서만 데이터를 입력할 수 있습니다.

작업 2 셀에 색 채우기

❶ [B2:G2]를 드래그 하여 범위 지정 → 채우기 색(자주, 강조 4, 80% 더 밝게 ▢)

❷ [B3:G3]을 드래그 하여 범위 지정 → 채우기 색(바다색, 강조 5, 80% 더 밝게 ▢)

❸ [B4:G4]를 드래그 하여 범위 지정 → 채우기 색(빨강, 강조 2, 80% 더 밝게 ▢)

작업 3 차트 만들기

❶ [B2:G4]를 드래그 하여 범위 지정 → [삽입]-[차트]-세로 막대형(▥)-묶은 세로 막대형

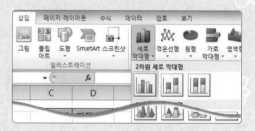

❷ Alt 키를 누른 채 차트의 크기 및 위치 조절([B6:L25])

> **tip**
>
> **차트의 크기 조절 및 위치 변경**
>
> ① 크기 조절 : 차트의 조절점(▭, ▱) 드래그
> ② 위치 변경 : 차트의 테두리(▭) 드래그

직업 인기도 조사-2

◉ 차트 서식을 변경한 후 그림을 넣어 차트를 완성해 봅시다.

완성된 작품 미리보기

불러올 파일 : 직업차트-2.xlsx, 직업1~5.png   완성된 파일 : 직업차트-2(완성).xlsx

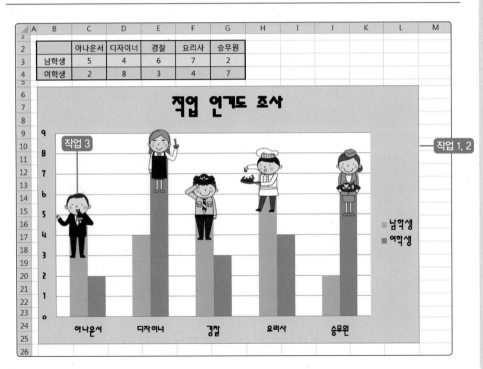

[주요 기능]

1. **채우기 색** : [홈]-[글꼴]-채우기 색 (🎨▾)의 목록 단추(▾)

2. **글꼴** : [홈]-[글꼴]- 맑은 고딕 ▾의 목록 단추(▾)

3. **글꼴 크기** : [홈]-[글꼴]- 11 ▾의 목록 단추(▾)

4. **그림 삽입** : [삽입]-[일러스트레이션]- 그림(🖼)

5. **크기 조절** : 도형 및 그림을 클릭했을 때 표시되는 조절점(◯)을 드래그

[기본 작업]

엑셀 2010을 실행 → [파일]-[열기] → [불러올 파일]-[직업]-'직업 차트-2' → 〈열기〉

작업 1 차트 디자인 변경

❶ 삽입된 차트를 클릭 → [디자인]-[차트 레이아웃]의 자세히 단추 () → 레이아웃 1(▦)

❷ 차트의 테두리를 클릭 → 채우기 색(자주, 강조 4, 80% 더 밝게 ▢)

❸ 파란색 남학생 계열 위에서 마우스 오른쪽 버튼 클릭 → [데이터 계열 서식] → [채우기]-단색 채우기-채우기 색(바다색, 강조 5, 40% 더 밝게 ▨) → 〈닫기〉

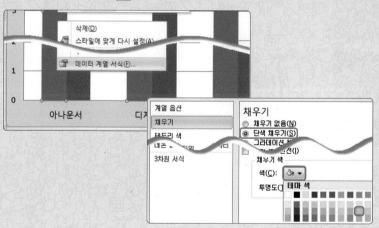

❹ 빨간색 여학생 계열 위에서 마우스 오른쪽 버튼 클릭 → [데이터 계열 서식] → [채우기]-단색 채우기-채우기 색(빨강, 강조 2, 40% 더 밝게 ▮) → 〈닫기〉

작업 2 글꼴 서식 변경

❶ 차트의 테두리를 클릭 → 글꼴(휴먼중간샘체) → 글꼴 크기(18pt)

※ 차트의 테두리를 클릭한 후 글꼴을 지정하면 차트 전체의 글꼴 서식이 변경됩니다.

❷ 차트의 제목을 클릭 → '차트 제목'을 드래그 하여 블록으로 지정 → '직업 인기도 조사'를 입력 → 내용을 드래그 하여 블록으로 지정 → 글꼴 크기(36pt)

작업 3 그림 넣기

❶ 차트를 클릭 → 그림 삽입(🖼) → [불러올 파일]-[직업]-직업1 → 〈삽입〉 → 크기 및 위치 조절

※ 차트를 클릭한 후 그림을 삽입하면 그림이 차트 안쪽에 삽입됩니다. 그림의 크기를 조절할 때는 조절점(○, □)을 이용하여 조절합니다.

❷ 똑같은 방법으로 '직업2~5'를 삽입 → 크기 및 위치 조절

나라별 음식 알아보기

◉ 엑셀 2010의 테마와 스마트아트를 이용하여 각 나라의 대표 음식을 알아봅시다.

완성된 작품 미리보기

불러올 파일 : 음식1~6.jpg   완성된 파일 : 나라별음식(완성).xlsx

[주요 기능]

1. **열 너비 조절** : 열의 머리글 위에서 마우스 오른쪽 버튼 클릭 −[열 너비]

2. **스마트아트 크기 조절** : 조절점(▭), 대각선 조절점(◻)을 드래그

3. **스마트아트 위치 변경** : 테두리(▭) 드래그

4. **글꼴** : [홈]−[글꼴]− 맑은 고딕 ▾ 의 목록 단추(▾)

5. **글꼴 크기** : [홈]−[글꼴]− 11 ▾ 의 목록 단추(▾)

6. **굵게** : [홈]−[글꼴]−굵게(가)

7. **도형 삽입** : [삽입]−[일러스트레션]− 도형(▧)

8. **가운데 맞춤** : [홈]−[맞춤]−가운데 맞춤(≡, ≡)

[기본 작업]

엑셀 2010을 실행 → A열 너비(3) → [페이지 레이아웃]-[테마]-테마()-
보자기()

※ 엑셀에서 보자기(🏠) 테마를 지정하면 도형 스타일의 기본값이 '색 채우기-라임,
강조 1(■)'로 지정됩니다.

작업 ① 도형으로 제목 만들기

❶ 블록 화살표 - 오각형(▷) → 드래그 후 크기 및 위치 조절([C3:
K6])

❷ '각 나라의 대표 음식'을 입력한 후 도형의 테두리를 클릭 → 글
꼴(휴먼엑스포) → 글꼴 크기(40pt) → 가로 - 가운데 맞춤(≡)
→ 세로 - 가운데 맞춤(≡)

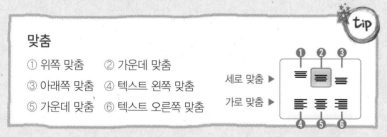

맞춤

① 위쪽 맞춤   ② 가운데 맞춤
③ 아래쪽 맞춤   ④ 텍스트 왼쪽 맞춤   세로 맞춤 ▶
⑤ 가운데 맞춤   ⑥ 텍스트 오른쪽 맞춤   가로 맞춤 ▶

작업 ② 스마트아트 만들기

❶ [삽입]-[일러스트레이션]-SmartArt(📊) → [그림]-벤딩 그림
설명형(■) → 〈확인〉

---

❷ [디자인]-[그래픽 만들기]-도형 추가(□)(4번 반복)

❸ 스마트아트의 크기 및 위치 조절([B8:Q32])

※ Alt 키를 누른 채 드래그 하면 셀에 맞춰 조절하기 편리합니다.

작업 ③ 그림 넣기

❶ '첫 번째 도형'의 그림(🖼) → [불러올 파일]-[세계음식]-음식1
→ 〈삽입〉

❷ 똑같은 방법으로 나머지 도형에 '음식 2~6'을 삽입

작업 ④ 스마트아트 꾸미기

❶ [SmartArt 도구]-[디자인]-[SmartArt 스타일]의 자세히 단추
(▼) → 강한 효과(▭▭)

❷ 텍스트 입력 부분을 클릭하여 차례대로 글자 입력 '한국(비빔밥)',
'일본(초밥)', '미국(칠면조)', '이탈리아(파스타)', '인도(커리)',
'독일(소시지)'

※ 초록색 도형을 클릭하면 내용을 입력할 수 있습니다.

❸ 스마트아트 테두리(▭) 클릭 → 글꼴 크기(20pt) → 굵게(가)

Chapter 23-2 맛있는 초코 머핀 만들기

◉ 스마트아트와 도형을 이용하여 머핀 만들기 레시피를 만들어 봅시다.

완성된 작품 미리보기

불러올 파일 : 맛있는머핀.xlsx, 캐릭터.png   완성된 파일 : 맛있는머핀(완성).xlsx

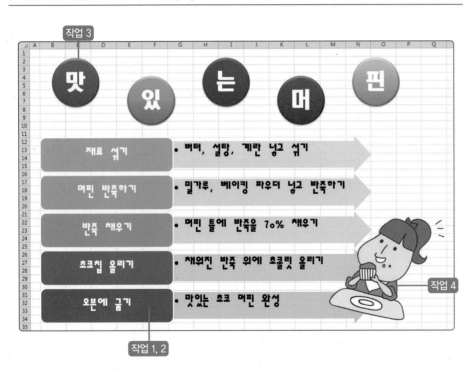

[주요 기능]

1. **스마트아트 크기 조절** : 조절점(▭), 대각선 조절점(◰)을 드래그

2. **스마트아트 위치 변경** : 테두리(▭) 드래그

3. **글꼴** : [홈]−[글꼴]−[맑은 고딕 ▾]의 목록 단추(▾)

4. **글꼴 크기** : [홈]−[글꼴]−[11 ▾]의 목록 단추(▾)

5. **도형 삽입** : [삽입]−[일러스트레이션]− 도형(⬚)

6. **가운데 맞춤** : [홈]−[맞춤]−가운데 맞춤(☰, ≡)

7. **그림 삽입** : [삽입]−[일러스트레이션]− 그림(🖼)

[기본 작업]

엑셀 2010을 실행 → [파일]-[열기] → [불러올 파일]-[초코머핀]-'맛있는머핀' → 〈열기〉

작업 1 스마트아트 꾸미기

① 삽입된 스마트아트 테두리(▭) 클릭 → [SmartArt 도구]-[디자인]-[그래픽 만들기]-도형 추가(▭)

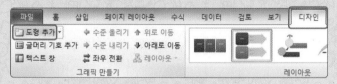

② 스마트아트의 크기 및 위치 조절([B12:N34])

※ Alt 키를 누른 채 드래그 하면 셀에 맞춰 조절하기 편리합니다.

③ [SmartArt 도구]-[디자인]-[SmartArt 스타일]-색 변경(⬡) → 색상형 - 색상형 범위 - 강조색 3 또는 4

작업 2 내용 입력 및 글꼴 서식 변경

① 스마트아트의 추가된 도형에 텍스트 입력('오븐에 굽기', '맛있는 초코 머핀 완성')

② 스마트아트 테두리(▭) 클릭 → 글꼴(휴먼굵은샘체) → 글꼴 크기(30pt)

작업 3 도형으로 제목 만들기

① 기본 도형 - 타원(◯) → 드래그 후 크기 및 위치 조절

※ Shift 키를 누른 채 드래그 하면 가로 세로 비율이 일정한 도형을 그릴 수 있습니다.

② '맛'을 입력한 후 도형의 테두리를 클릭 → 글꼴(휴먼둥근헤드라인) → 글꼴 크기(44pt) → 가로 - 가운데 맞춤(▤) → 세로 - 가운데 맞춤(▤)

③ [서식]-[도형 스타일]의 자세히 단추(▾) → 강한 효과 - 파랑, 강조 1(▦) → 오른쪽으로 복사 → '맛'을 드래그한 후 '있'을 입력 → 강한 효과 - 주황, 강조 6(▦)

④ 똑같은 방법으로 '는(강한 효과 - 자주, 강조 4 ▦)', '머(강한 효과 - 빨강, 강조 2 ▦)', '핀(강한 효과 - 황록색, 강조 3 ▦)'을 복사

> **도형 안의 글꼴 서식 변경하는 방법**
>
> ① 도형의 테두리가 선택된 상태에서 글꼴을 변경
>
> ② 도형 안의 글자를 드래그 하여 블록으로 지정한 상태에서 글꼴을 변경

작업 4 그림 넣기

① 그림 삽입(🖼) → [불러올 파일]-[초코머핀]-캐릭터 → 〈삽입〉 → 크기 및 위치 조절

엑셀로 배우는 구구단-1

◎ 자동 채우기 핸들을 이용하여 데이터를 입력한 후 셀에 무늬를 채워 봅시다.

완성된 작품 미리보기

불러올 파일 : 구구단-1.xlsx   완성된 파일 : 구구단-1(완성).xlsx

	A	B	C	D	E	F	G	H	I	J
1										
2		2단		← 작업 1, 3						
3		2	1							
4		2	2							
5		2	3							
6		2	4							
7		2	5							
8		2	6							
9		2	7							
10		2	8							
11		2	9							
12		합계								
13										
14	작업 2									
15										
16										
17										

[주요 기능]

1. **병합하고 가운데 맞춤** : [홈]-[맞춤]-병합하고 가운데 맞춤

[기본 작업]

엑셀 2010을 실행 → [파일]-[열기] → [불러올 파일]-'구구단-1' → 〈열기〉

작업 ① 셀을 병합한 후 데이터 입력

❶ [B2:D2]를 드래그 하여 범위 지정 → 병합하고 가운데 맞춤 → '2단'을 입력

❷ [B12:C12]를 드래그 하여 범위 지정 → 병합하고 가운데 맞춤 → '합계'를 입력

   ※ 범위 지정을 잘못했을 때는 '병합하고 가운데 맞춤'을 다시 클릭하여 병합을 해제합니다.

작업 ② 자동 채우기 핸들

❶ [B3] 셀을 클릭 → '2'를 입력 → [B3] 셀의 채우기 핸들(⬛)을 [B11] 셀까지 드래그

   ※ 채우기 핸들을 드래그 하면 2가 [B11] 셀까지 자동으로 입력됩니다.

❷ [C3] 셀을 클릭 → '1'을 입력 → Ctrl 키를 누른 채 [C3] 셀의 채우기 핸들(⬛)을 [C11] 셀까지 드래그

   ※ Ctrl 키를 누른 채 채우기 핸들(⬛)을 드래그 하면 숫자가 1씩 증가하면서 자동으로 입력됩니다.

---

tip

자동 채우기 핸들(⬛)의 사용

① 반복되는 문자열이나 연속되는 데이터를 자동으로 입력할 때 편리하게 사용할 수 있습니다.

② 채우기 핸들에 마우스 포인터를 위치시키면 ✛ 모양으로 표시됩니다.

③ Ctrl 키를 누른 채 채우기 핸들에 마우스 포인터를 위치시키면 ✛ 모양으로 표시됩니다.

작업 ③ 무늬 채우기

❶ [B2:D2] 셀 위에서 마우스 오른쪽 버튼 클릭 → [셀 서식] → [채우기] → 배경색(바다색, 강조 5, 80% 더 밝게 ☐)-무늬 색(흰색, 배경 1 ☐)-무늬 스타일(가로 줄 ≣) → 〈확인〉

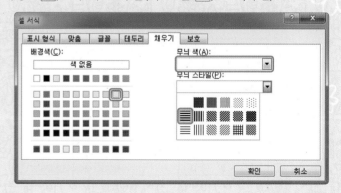

Chapter 24-2 엑셀로 배우는 구구단-2

◎ 계산식과 자동 합계를 이용하여 구구단 2단을 완성해 봅시다.

완성된 작품 미리보기

불러올 파일 : 구구단-2.jpg   완성된 파일 : 구구단-2(완성).xlsx

2단				3단				4단				5단		
2	1	2		3	1	3		4	1	4		5	1	5
2	2	4		3	2	6		4	2	8		5	2	10
2	3	6		3	3	9		4	3	12		5	3	15
2	4	8		3	4	12		4	4	16		5	4	20
2	5	10		3	5	15		4	5	20		5	5	25
2	6	12		3	6	18		4	6	24		5	6	30
2	7	14		3	7	21		4	7	28		5	7	35
2	8	16		3	8	24		4	8	32		5	8	40
2	9	18		3	9	27		4	9	36		5	9	45
합계		90		합계		135		합계		180		합계		225

6단				7단				8단				9단		
6	1	6		7	1	7		8	1	8		9	1	9
6	2	12		7	2	14		8	2	16		9	2	18
6	3	18		7	3	21		8	3	24		9	3	27
6	4	24		7	4	28		8	4	32		9	4	36
6	5	30		7	5	35		8	5	40		9	5	45
6	6	36		7	6	42		8	6	48		9	6	54
6	7	42		7	7	49		8	7	56		9	7	63
6	8	48		7	8	56		8	8	64		9	8	72
6	9	54		7	9	63		8	9	72		9	9	81
합계		270		합계		315		합계		360		합계		405

작업 1, 2, 3   작업 4   작업 5

[주요 기능]

1. **글꼴 크기** : [홈]-[글꼴]- 11 ▼ 의 목록 단추(▼)

2. **가운데 맞춤** : [홈]-[맞춤]-가운데 맞춤(틀, ≡)

3. **글꼴** : [홈]-[글꼴]- 맑은 고딕 ▼ 의 목록 단추(▼)

4. **셀 복사** : Ctrl + C

5. **셀 붙여넣기** : Ctrl + V

6. **채우기 색** : [홈]-[글꼴]-채우기 색 (🪣▼)의 목록 단추(▼)

[기본 작업]
엑셀 2010을 실행 → [파일]-[열기] → [불러올 파일]-'구구단-2' →
〈열기〉

작업 ① 계산식을 이용하여 데이터를 곱하기

❶ [D3] 셀을 클릭 → =B3*C3을 입력 → **Enter**

※ '*' 표시는 곱하기입니다.

❷ [D3] 셀의 채우기 핸들(⊞)을 [D11] 셀까지 드래그

※ [D3] 셀에 수식이 들어갔기 때문에 채우기 핸들을 이용하여 나머지 셀의 데이터를
자동으로 계산할 수 있습니다.

작업 ② 자동 합계 구하기

❶ [D3:D11]을 드래그 하여 범위 지정 → [수식]-[함수 라이브러
리]-자동 합계(**Σ**)

작업 ③ 데이터 서식 지정

❶ [B2:D12]를 드래그 하여 범위 지정 → 글꼴 크기(12pt) → 가로-
가운데 맞춤(▤)(2번 반복)

❷ [B2:D2] 셀을 클릭 → 글꼴(HY견고딕) → 글꼴 크기(14pt)

작업 ④ 3단 표 입력

❶ [B2:D12]를 드래그 하여 범위 지정 → **Ctrl** + **C**

※ **Ctrl** + **C** 키를 누르면 복사가 되며 복사된 범위는 셀 주변에 점선이 표시됩니다.

❷ [F2] 셀을 클릭 → **Ctrl** + **V**

※ **Ctrl** + **V** 키를 누르면 붙여넣기가 되며 점선을 해제할 때는 **Esc** 키를 누릅
니다.

❸ [F2:H2] 셀을 클릭 → '3단'을 입력 → **Enter** → [F2:H2] 셀을
클릭 → 채우기 색(자주, 강조 4, 80% 밝게 ▢)

❹ [F3] 셀을 클릭 → '3'을 입력 → [F3] 셀의 채우기 핸들(⊞)을
[F11] 셀까지 드래그

작업 ⑤ 4단 표 입력

❶ [F2:H12]를 드래그 하여 범위 지정 → **Ctrl** + **C**

❷ [J2] 셀을 클릭 → **Ctrl** + **V**

❸ [J2:L2] 셀을 클릭 → '4단'을 입력 → **Enter** → [J2:L2] 셀을 클릭
→ 채우기 색(빨강, 강조 2, 80% 더 밝게 ▢)

❹ [J3] 셀을 클릭 → '4'를 입력 → [J3] 셀의 채우기 핸들(⊞)을
[J11] 셀까지 드래그

❺ 똑같은 방법으로 나머지 구구단(5단~9단)을 복사

※ 표의 맨 위쪽에는 다양한 색상을 채워 구구단을 완성합니다.

memo
메모